rocknrollmitbuchstaben

Tobi Katze

rocknrollmitbuchstaben

Blaulicht–Verlag

Bibliografische Information der Deutschen Bibliothek
Die Deutsche Bibliothek verzeichnet diese Publikation in der Deutschen Nationalbibliografie; detaillierte Informationen sind im Internet über http://dnb.ddb.de abrufbar.

Covergestaltung: Susanne Braun (www.fraubraun.de)
Lektorat: Thomas Langkau (www.satzsucher.de)

ISBN: 978–3–941552–19–7

Printed in Germany

www.blaulicht–verlag.com

Liebe Familie, sowie Murat, Laura, Rainer, Torsten, Nina, Anna, Grobi, Schlakks, Olaf, Carmen, Tiede, Sebastian, Sebastian, Sebastian, Sascha, Daniel, Thilo, Björn, Matthias, Achim, Sabze, Miriam, Martini, "Wohnzimmer" Subrosa, Ute, Frau Raabe, Conny, Gunnar, Schnobi, Michael, Bremen so allgemein, Weberstraße im Speziellen, Claudia, KaPe, Michael, Jan, Fabian, Jan, Nils, Benni, Christian und Sven …

Folgendes, Leute: Danke!

Inhalt:

Vorwort

Tobi Katze hat ein Buch.
Das wurde auch Zeit.
Das war ja bei Leseshows und Poetry Slams nicht mehr mit anzusehen: Fremde schmiegten sich an ihn und verlangten nach Gedrucktem, aber Tobi hatte nur ein Schulterzucken dabei. Endlich hat's ein Ende. Der Volksmund sagt bekanntlich, dass alles ein Ende hat, nur die Wurst hätte zwei. Das ist Tinnef. Tunnel haben auch zwei. Ich wollte das nur mal erwähnen, weil das mein Vorwort ist und ich hier ungeachtet der Papierpreise machen kann, was ich will. Wenn ich wollte, könnte ich Hello Kitty und die Waffen-SS in irgendeinen nachvollziehbaren Kontext bringen, aber ich fürchte, da blieben dem Herrn Katze nur noch drei, vier Seiten Platz für seine Geschichten und Gedichte. Eine Argumentation aufzubauen, kann ein seitenzehrender Knochenjob sein.
Und ich will Spaß haben. Sie auch, nicht wahr? Schön.
Dann lesen Sie dieses Buch. Es ist gut … nicht nur lustig, aber auch nicht übertrieben lehrsam, falls Sie verstehen. Meistens ist es ziemlich lustig. Es ist … leicht. Es federt gut ab. Bumm Bumm. Schwer zu erklären. Hört der feine Herr Katze vielleicht nicht gern, aber wessen Vorwort war dies gleich? Hm-Hm, genau. Humor ist eine gute Sache, manchmal alles, was wir haben.
Übrigens kursieren ein Sackvoll Gerüchte, wie Tobi Katze und ich uns kennen gelernt haben. Sämtliche dieser Gerüchte hat Tobi Katze selbst in die Welt gesetzt … bis auf fünf oder sechs. Die sind von mir.

Ehrlich gesagt sind es jetzt weniger Gerüchte als vielmehr handfeste Geschichten. Keine Ahnung, wer damit angefangen hat, diesen Unfug den Leuten am Lagerfeuer vorzutragen, aber da ich mich nicht erinnere, muss er es gewesen sein. So halte ich es immer, funktioniert meistens.
Nun, da ich also sozusagen der Liftboy dieses Buches bin, also jener, der Ihnen die Tür öffnet, während der Fahrt aber schön die Fresse hält, lassen Sie mich Ihnen vorab sagen: Es geht nach Schräg. Und nach Schön. Mehrere Stopps auf Absurd. Die Deutsche Bahn kriegt was ab, das Radio, Sie werden Dinge über Senf erfahren, über Poesie, wie man ein Bier aufmacht und Sie lernen McIll und Jonny Waschbär kennen. Ach ja: und mich.
Was immer Sie lesen werden, halten Sie sich immer vor Augen: alles wahr. Nix gelogen. Oder »ausgedacht«. Macht ja keiner, so was. Bei einem Buch. Das wäre auch was. Das hätte uns gerade noch gefehlt in der Raupensammlung. Na komm, ist gut. Vielleicht ist nicht alles wahr. Aber Tobi Katze hat dafür meistens Recht. Und wenn Sie alles gelesen haben, werden Sie ihm zustimmen, und dann, liebe Leserin, lieber Leser, lieber Blödmann, der du gerade in der Bahnhofsbuchhandlung mit deinen Griffeln in ungekauften Büchern rumwurstelst, dann haben auch Sie Recht.
Großartig, oder?

Na dann: Weiterblättern. Viel Spaß.

Torsten Sträter

Vorgedicht

Wenn

I
C
H
___
Auf diesen Brettern stehe
Euch Massen
vor Menschen

lassen mich die Gedanken los
und ich bleibe gedankenlos glücklich
vorm Mikrophon stehen
um mir mein Leben und was daraus wurde
in aller Ruhe anzusehen
Das sind 0,3 Sekunden vor dem runden Kugelkopf
in den ich dann minutenlang
völlig frei flüster und schrei
Vom Leben und dem Gegenteil davon.

Und dafür wollte ich euch danken!

Text (für Titel nicht genug Buchstaben)

Seit ich Schriftsteller bin, ist mein Leben sehr seltsam geworden. Ich muss viele sehr abwegige Dinge tun. Bahn fahren zum Beispiel.
Ich bin kein Brillenträger und filterlose Zigaretten finde ich derbe eklig, da bleibt ja nur noch ein Klischee. Hauptsächlich fahre ich Bahn, um da dann Texte zu schreiben, denn das machen moderne Schriftsteller so. Und, da is schon was dran, so 'ne Bahncard 100 kommt schon günstiger als jeden Tag von früh bis spät bei Starbucks abhängen.
Ich bin also unterwegs zu diesem Auftritt in Köln und schreibe vorher noch rasch einen Text. Also, ich will das zumindest, aber dann betritt der Mitropa-Mann das Abteil. Sein Schnauzbart wuchert ins Surreale. Ich möchte ihn kämmen. Bändigen. Mich in seinen Untiefen verlieren. Aber ich bestelle nur Kaffee, denn ich bin sehr schüchtern. Mitropa-Mann möchte zwölf Mark von mir.
Sage ihm, dass man im Rest von Deutschland jetzt seit geraumer Zeit in Euro zahlt. Weiß er auch. Seit er mal aus den UdSSR ohne Fahrschein ins Sauerland fahren wollte, steht er bei der Bahn mit Deutschmark in der Kreide. Euro nehmen die nicht, denn auf dem Zahlschein steht ja Deutschmark, die kennen da nix, da ist die Bahn erbarmungslos, und seither jobbt er eben als Mitropa-Mann und klaubt die letzten Reste Deutschmark zusammen. Halte die Geschichte für sehr plausibel. Reiche ihm lächelnd 40 Mark, die ich genau für solche Gelegenheiten immer bei mir trage. Mitropa-Mann freut sich, denn endlich muss er nicht mehr den

Reichen und Schönen und mir Kaffee für Deutschmark verkaufen und er zieht sich nackig aus und springt davon.
Solche Dinge passieren. Fahrt mal wieder Zug.
Um mir die Zeit bis Köln zu vertreiben, schiebe ich den Mitropa-Wagen durch den Zug und verweigere den Leuten Kaffee. Bei mir gibt's nur Tomatensaft. Für dieses Airline-Feeling. Nur die Kinder dürfen Kaffee. Bin ja kein Unmensch. Wenn die Kinder hibbelig werden, bekommen sie noch 'n Schnaps. Kinder werden dann meist sehr lustig und mir ist sehr langweilig – das ist eine von diesen klassischen Win-win-Situationen.
Dann halten wir drei Wochen auf der Strecke zwischen Mülheim und Duisburg. Signalstörung. Mein Schnauzbart ist inzwischen sehr eindrucksvoll und so werde ich zum Schaffner befördert. Die Zeremonie ist feierlich und prachtvoll. Ich bekomme einen Gratis-Kaffee. Dann kontrolliere ich wild Fahrkarten. Manchmal stemple ich sie ab, aber meistens zerreiße ich sie nur und rufe: „Einmal Autoscooter, alles klar, viel Spaß mein Lieber!" Dann kassiere ich vierzig Euro, weil sie kein gültiges Ticket vorlegen können, und kaufe mir davon ein Croissant im Bordbistro. Nimmt man noch einen Orangensaft dabei, passt das fast genau. Mein Leben ist einfach, aber ich bin glücklich.
Es wird Frühling. Seit vier Monaten warten wir kurz vor Düsseldorf Flughafen, um einen verspäteten ICE vorbeizulassen. Das Verständnis der Fahrgäste hält sich in Grenzen. Meine Frau gebiert wundervolle Zwillinge. Wir nennen sie Mike. Sehen ja gleich aus, zwei verschiedene Namen scheinen mir da dekadent. Wir

sind nun einmal einfache Leute. Bewohnen einen komfortablen Vierersitz in Toilettennähe und erfreuen uns an den kleinen Dingen des Lebens, manchmal drucke ich uns Spaß-Fahrkarten zu Orten wie Villingen-Schwennigen oder Schermbeck. Das beschert uns vergnügliche Stunden. Das Leben ist gut zu uns. Ich führe eine glückliche Ehe mit Rothaarige-Frau-mit-Ticket-bis-Düsseldorf-Hauptbahnhof. Wir haben uns vor zwanzig Jahren kurz vor Duisburg kennen gelernt – in eben diesem Zug, und jetzt noch nach dem Vornamen zu fragen, scheint mir unangebracht. Manchmal träume ich davon, dass sie vielleicht Gabi heißt. Oder Gerburg. Dann wache ich schweißgebadet auf und verlange reflexartig ihre Fahrkarte. Doch dann lacht sie nur und tätschelt wohlwollend meinen ausdrucksstarken Schnauzbart.
Über den internetfähigen Bordkühlschrank halten wir Kontakt zur Außenwelt. Dass wir immer noch Hühnerfrikassee nachbestellen können, reicht uns als Information über den derzeitigen Stand der Gesellschaft. In schlechten Zeiten ordern wir Frikadellen und hoffen, dass das Logistikzentrum unsere Trauer erkennt und daran teilhat. Dies gibt uns Kraft. Wir sind ein einfaches Volk, doch unser Zusammenhalt ist groß. Mike und Mike wachsen zu strammen Kerlen heran und die Fulminanz ihrer Schnauzbärte erfüllt meine Brust mit Stolz.
Dann, wie durch ein Wunder, erreichen wir mit knapp vierzig Jahren Verspätung den Kölner Hauptbahnhof. Die Anschlusszüge werden leider nicht mehr erreicht. Auch meinen Auftritt werde ich knapp verpasst haben. Immerhin ist dieser Text dabei rumgekommen. Ich

habe ihn aus sämtlichen Exemplaren der „DB Mobil" zusammengepuzzelt. Und ich finde, dafür ist er ganz okay geworden. Bisschen viel Bahn. Aber wenn mich mein Leben eines gelehrt hat, dann, dass du nehmen musst, was du kriegst.

Kino und Zigaretten

Du hast die Zahlen zu Strecken gemacht
An denen du entlangfährst, Tag für Tag
Du willst Kino und Zigaretten
Mehr nicht, aber das Tag für Tag

Immer im Wettlauf gegen die Welt,
die sich viel zu schnell für dich dreht
Kino und Zigaretten,
in Städten schlendern und an Geländern lehnen
Kannst du dir nicht leisten,
weil die Gefahr viel zu groß ist
Über den Rand zu kippen, an dem du stehst
Eigentlich sollst du ausarten
Völlig neue Arten und Weisen erfinden,
Geld verschwinden zu lassen
Und dafür Leben zu bekommen
Weil man das scheinbar so macht,
wenn man das erste Mal Knete hat
Das haben sie dir erzählt, das wird dir vorgelebt
In jedem Werbefilm
In jedem Klingeltonramschladen
In jedem Atemzug

Und du verschwindest

Du verschwindest aus der akzeptierten Mitte
an den Rand
Weil sich nichts fand in deinen Taschen

Du verschwindest aus dem Alltag deiner Freunde
Weil ihre Träume sich nicht von dir bezahlen lassen
Du verschwindest aus der relevanten Masse
Die umworben und umsorgt wird,
weil sie nicht knapp bei Kasse ist

Was klasse ist, wenn du halt dazugehörst,
sonst störst du nur
Weil wir nur schöne Menschen sehen wollen,
die glücklich sind

Du wirst unsichtbar
Weil du nicht mehr teilhast
Du wirst unsichtbar
Weil du nichts dabei hast
Was den Oberflächen sagt, wer du bist
Denn du bist, was du hast, was du kaufst
Und du kaufst, was du bist, wenn du's kannst
Kannst du nicht, bist du nicht obenauf

Augenhöhe
Mit der Gesellschaft
Die auf deine Gesellschaft scheinbar
nicht sonderlich viel Wert legt
Weil du arm bist
Sie nicht bereichern kannst
Weil du unsichtbar bist
Und ein Problem, das man nicht sieht

Und was man nicht sieht, das ist nicht da
So war das immer schon
Immer schön vom Thron aus
auf Augenhöhe Ausschau halten

Und was machst derweil du?
Versuchst mitzuhalten,
mitzumachen mit dem Mindestnötigen
oder minimal weniger
Mehr geht nicht

Aber Kino und Zigaretten
retten dich nicht ein Mal im Monat
Das Geländer,
da bist du doch schon längst drüber gefallen
Und die anderen starren dich an
Oder zumindest in deine Richtung
Weil du unsichtbar bist
Und fragen sich,
was da grad dieses Geräusch gemacht hat

Dieses Geräusch
Das warst du
Das war der letzte Strohhalm, der geknickt ist
Der letzte Funke,
der irgendwie unterwegs zur Flamme verreckt ist
Das war all das, was du nicht haben
und deswegen nicht sein kannst
Weil nur zählt, was du hast, was du kaufst
Weil nicht zählt, dass du hoffst und vertraust

Wenn dich keiner sieht
Wenn du und dein Problem, nichts zu haben
unsichtbar bleiben

Kino und Zigaretten sind deine Utopie
Und daran musst du dich festhalten

Virtuelle Menschenketten
(unterm Amelie-Poster sitzen und anderen Menschen das Leben erklären)

„Spirale!
Spirale Spirale Spirale"
Sagst du
Alles dreht sich um sich selbst
Sagst du
Und meinst dabei di-hich!
Spirale!
Spirale – rettet die Wale!
Denkst du, während du unter deinem Amelie-Poster sitzt
Amelie – das ist ein ganz schön ausdrucksstarker Film
Wo man das Plakat UNBEDINGT auf Französisch haben muss
Sonst ist man auch nur eins von diesen Herdentieren
Aber nicht auf Französisch
Da ist das was anderes
Aber was machen dann die Franzosen?
Egal! Spirale! Wale! Amelie!
Indiemusik unterm Amelie-Poster hören und anderen Leuten in die Ernährung reinreden.
„Is das Frischkäse vom Discounter? Ich find das ja toll, aber ich könnte mein Gewissen nich so einfach abschalten."

Frischkäse muss Bio sein! Salattaschen beim Ägypter müssen Bio sein. Mein Studium muss Bio sein. Oder Design. Da kannst du richtig was bewegen. Letztens hab ich so'n Logo entworfen – gegen den Welthunger.

Gleich mach ich noch ’ne virtuelle Menschenkette bei Facebook. Das is schnell gemacht und hilft. Jajaja. Virtuelle Menschenkette – gegen Globalisierung. Hilft. Globalisierung ist schlecht. Globalisierung kauft auch immer Frischkäse vom Discounter. Schlecht schlecht schlecht.

Protestieren im Park. Bedingungsloses Grundeinkommen. Da hab ich ein RECHT drauf. Wenn’s das gäbe, könnten alle viel mehr protestieren gehen. Gegen den Staat. Das muss so.

Gegen den Staat sein heißt, eine fundierte und reflektierte Meinung haben. Das hat mir der Sven gesagt. Der Sven hat auch ein Amelie-Poster. Auf Französisch!

Ich will den Gefällt-mir-nicht-Button bei Facebook. Da klick ich dann bei Nazis „gefällt mir nicht!“ Ha. Wieder was getan. Aber Facebook will ja nicht. Auch keine rechten Seiten verbieten.

Ich bin ja schon für Meinungsfreiheit. Aber es muss eben die richtige Meinung sein. Ich bin gegen Nazis und Fleisch. Und Soldaten. Soldaten sind sowieso alle Nazis. Und essen Schnitzel. Bin ich gegen. Alle Soldaten sind Mörder.

Und wenn du mir jetzt widersprichst, dann bist du ignorant. Nee, da diskutier ich nicht. Du bist ignorant. Bäh. Ich darf das sagen. Du aber nicht. Weil meine Meinung die richtige ist. Bäh. Und wenn du das doch tust, dann greifst du mich persönlich an. Und da versteh ich keinen Spaß. Da bin ich ziemlich aufgeklärt und kenne meine Rechte. Und das sag ich dir. Immer wieder. Die Würde des Menschen ist untastbar. Oder so.

Du widersprichst mir. Nazi!
Virtuelle Menschenkette. Gegen dich! Nur gegen dich! Weil dagegen sein gut ist. Denn dafür, egal für was, dafür sind immer nur die Unaufgeklärten. Und die Nazis.
Ich schreibe Flugblätter. Gegen das imperialistische Kapitalistenschweineregime. Das verstehst du nicht. Weil ich 'n Amelie-Poster hab. Auf Französisch. Spirale. Gegen die Wale.
Ah, nee, warte … falsch jetzt. Mist. Ich bin dagegen, dass das keinen Sinn gibt.
Egal.
Spirale. Randale!
Ich möchte ma kurz gegen irgendwas protestieren. Vielleicht gegen das Mondlicht. Ich weiß nicht warum, aber da findet sich bestimmt irgendwas."

Ja. Das sagst du.
Und dann sage ich:

HALT DIE FRESSE!
HALT DIE FRESSE HALT DIE FRESSE HALT DIE FRESSE!
Ich KANNS nicht mehr hören!
Virtuelle Menschenketten?
Ey, als wären Menschenketten nicht so schon das ultimative Zeichen von Hilflosigkeit. Virtuelle Menschenketten sind auch noch lethargisch dazu!
Du hast keine eigene Meinung, keinen Bock, für irgendetwas WIRKLICH einzustehen, und gehst deshalb *virtuell* protestieren? Virtuelles Mitgefühl zeigen? Wie zynisch ist das denn, bitte?

Du hättest Hitler bestimmt auch die Facebook-Freundschaft gekündigt. Und dann hätte Hitler gesagt: „Oh, du, seit ich mit diesen Massenmorden angefangen hab, geht meine Klickzahl steil bergab, vielleicht sollte ich das sein lassen und mich stattdessen umbringen."
Und der nächste Amokläufer wird sicherlich auch erstmal gründlich recherchieren und dann sehen, dass geisteskrankes Menschenschlachten bei Facebook gar nich so fucking popular ist, wie er immer dachte. Überraschung. Na, dann lass ich das doch ma sein. Sonst kommentiert keiner mehr meine Videos von süßen Katzenbabys. Hinterher macht noch wer 'ne virtuelle Menschenkette. Au Backe. Das war knapp.
Wir könnten dir das noch einfacher machen. Demnächst kannst du auf deinem Facebookprofil deinen Standpunkt zu diversen menschlichen Katastrophen angeben. Ganz einfach und bequem, im Multiple-Choice-Verfahren.
Holocaust: Erschüttert. Check.
Amoklauf: Erschüttert. Check.
Kinderschänder: Schwanz ab. Check.
Jasmin Sommer hat ihre Meinung zu „Atomkatastrophe in Fukushima" zu „Erschüttert" geändert. Gefällt mir!
Peter Schmitz gefallen „Alle Polizisten sind prügelnde Schweine" und 396 weitere extrem eindimensionale Standpunkte.
Ein Klick und die Welt wird gut. Was soll man denn sonst auch tun?
Franziska Greben und Ralf Seifert sind jetzt Freunde, nachdem sie beide an „Wir haben hier geklickt und unser Gewissen beruhigt" teilgenommen haben.
Tobi Katze hat das kommentiert.

Und gleich stell ich diesen Text online. Für eine bessere Welt. Da klickt ihr dann „gefällt mir“. Das ist alles, was ihr tun müsst. Da wird die Welt schlagartig besser von. Versprochen.

Wissenswertes über…

Letztens war ich mal wieder bereit, aus meinen geregelten Bahnen auszubrechen. Das muss einer manchmal tun, wenn ihm das Leben zu schwer oder die Freunde zu doof werden. Oder beides. Oder wenn man einfach mal sehen will, was passiert, wenn man fünf Tage nicht ans Telefon geht. Erstaunlich wenig. Ich jedenfalls hatte beschlossen, wenn schon Urlaub, dann auch da, wo's richtig anders ist. Exotisch. Mit fremden Sitten, obskuren Ritualen, farbenprächtigen Traditionsgewändern und einer Sprache so fremdartig, dass die Wissenschaft noch immer debattiert, ob sie nun wirklich als Sprache oder vielleicht doch lediglich als rudimentär erweiterte Grunzlaute ohne festes Regelsystem zu betrachten sei.
Ich fuhr also in die Schweiz.
Schweizkenner werden hier gähnen, aber absolute Schweizanfänger wie ich sind doch immer wieder erstaunt: Die Schweiz liegt nicht direkt um die Ecke. Man muss schon mit dem Auto hinfahren. Den Moment an der Tankstelle, als ich auf der aus meinem Tank heraussprudelnden Benzinlache ausrutschte und meine Autoantenne abräumte, bevor ich mir fast zwei Schneidezähne an der Motorhaube ausschlug, haben Augenzeugen einstimmig als die Geburt des Slapstick beschrieben, dessen humoreskes Potential durch seine Intensität allein die üblichen Grenzen der Raumzeit durchbrach und lange vor meiner Geburt Menschen zu ähnlichen Stunts inspirierte, damit das damals noch schwarzweiße Publikum sich an ihrem Schmerz und Missgeschick erfreuen mochte. Fünf Minuten Urlaub

und ich hatte schon Großes geleistet, das konnte ab hier nur noch aufwärts gehen. Der benzingetränkte Besuch in der Bank verlief dann auch recht glimpflich, aber vielleicht nur, weil ich mir keinen Vollbart hatte stehen lassen. Ansonsten hätten mich alle für einen dieser Klischee-Selbstmordattentäter gehalten, die in Banken gehen, sich anzünden und dann Leute umarmen, um sie ganz zärtlich mit in den Tod zu reißen. Nie davon gehört? Ich auch nicht, aber irgendwo muss es so was ja geben. Oder ich verwechsele da grad was. Nee, richtig, das war dieser Mönch, der unbedingt aufs Cover von diesem Album von Rage Against The Machine wollte. Die Fotos, wo er sanft meditierend auf einer Wiese sitzt und weise lächelt, wollten die Jungs natürlich nicht haben, und da hat er sich halt aus Protest angezündet und das Foto *davon* fanden die Jungs dann doch irgendwie ganz cool und haben es genommen. Ironie. Die Welt ist voll davon.

Ich jedenfalls. Und Schweiz. Vorher noch Anhalterin, weil mir die Erfindung des Slapsticks meine liebste Reisebeschäftigung genommen hat, mich an den immer skurriler werdenden Rundfunkstationen anderer Bundesländer zu erfreuen. Es gibt ja nichts Schlimmeres als Lokalradio von woanders. Das ist wie Witze verkehrt herum erzählen. Also Pointe zuerst und so. Man selbst wundert sich ob der soeben präsentierten Abwesenheit von Sinn und alle, die den Witz kennen, lachen sich scheckig. „Man muss halt dabei gewesen sein“, sagen diese Leute dann immer. „Man muss halt mal die Fresse halten, sonst könnt ihr

euch gleich im Krankenhaus ’n Zimmer teilen, ihr Kassenpatienten“, denke ich dann immer zurück.
Bei Lokalradio von woanders denke ich so was selbstverständlich nicht. Dieter „das Toastbrot“ Hinterländer ist ganz bestimmt ein ganz ausgezeichneter Radiomoderator, wenn man gezwungen ist, ihm über einen längeren Zeitraum, sagen wir mal fünf bis zehn Jahre, zuzuhören. Wenn man aber wie ich nur durchfährt durch so ein Lokalradiogebiet und Dieter, das Toastbrot, aufgekratzt wie der Typ in der Bude vom Autoscooter Unfug über den Äther nuschelt, dann kommt man nicht umhin, schon mal die eine oder andere Aggression in sich aufkeimen zu sehen. Ernsthaft. Inwiefern existiert da ein Unterschied? „Die nächste Fahrt geht rückwärts rückwärts rückwärts!“ „Und jeeeeeeetttzzzzz Lololokalnachriiiichten. Ihr hört 94,3, die Welle mit der Delle, ich bin Dieter „das Toastbrot“ Hinterländer und wenn ihr nich mindestens so doof seid wie ich, dann solltet ihr mal schleunigst den Luftdruck in eurem Kopf checken lassen.“

Echt. Und diesen Kirmeshanseln würden wir doch alle liebend gern mal eine reinhauen. Verdammt noch mal, ich fühl mich auf der Kirmes schon so assi genug, ohne dass mir ständig jemand Änderungen der Fahrtrichtung über einen Sprachverzerrer ins Ohr brüllt. „Gewinne Gewinne Gewinne! Jedes Los gewinnt!“ Zwar nur Stofftiere aus dem Ramschlager der Popkultur, die höchstens als gruselige Deko im Folterzimmer eines Pädophilen taugen, aber das muss man den Leuten ja nicht unbedingt auf die Nase binden. Insofern verstehen Schausteller schon ihr Handwerk. Ich meine, könnte ich Menschen dazu überreden, fünf Euro auf den Tisch zu legen, damit sie dreimal mit 'nem verzogenen Luftgewehr auf Plastikblumen schießen, welche sie dann anschließend auch noch mit nach Hause nehmen müssen … ich würd's auch machen. Aber dieses Talent geht mir ab und so muss ich meine Haushaltsentrümpelungen eben auf herkömmliche Art bewältigen und den ganzen Schund, der sich so ansammelt, wie ein ehrenwerter Bürger entsorgen. Ich werfe ihn vom Balkon.

Aber: Anhalterin. Trine. Dreadlocks. Finnin. Schnippte 'ne Zigarette an mein benzingetränktes Auto. „Ich glaube, dein Fahrzeug brennt!" – will man nicht hören, wenn … Nee, will man generell nicht hören. Egal. Die war doof. Langweilig. Hab sie ausgesetzt. So bin ich.
Ich wollte irgendwas erzählen …
Schweiz! Genau …
Kein Radio, keine Anhalterin, nur EINE Kassette gegen das monotone Rauschen der Autobahn. Ja. Vielleicht hätte ich mehr Kassetten einpacken sollen. Aber auf der EINEN Kassette in meinem Auto ist immerhin das Beste von Westernhagen drauf. Was aber, und da darf man mir vertrauen und muss es nicht selbst ausprobieren, nach vier Stunden auch nicht mehr so wahnsinnig gut ist. Westi brüllt, dass er unbedingt zurück auf die Straße wolle, und irgendwann beschließe ich, der Kassette ihren sehnlichsten Wunsch zu erfüllen. Stille is ja auch mal ganz angenehm.
In Baden-Württemberg ist es auch erstaunlich still. Ich weiß rein gar nichts über dieses Bundesland zu berichten. Bäte man mich, Baden-Württemberg in

einem Satz zu beschreiben, dann würde ich mein Navigationsgerät zitieren: „In 139 Kilometern biegen Sie im Kreisverkehr rechts ab."
Dann – Schweizer Grenze. Keiner da. Außer mir will scheinbar niemand in die Schweiz. Fun Fact übrigens: Die Schweizer Grenze ist Wochentags nur von 9 bis 17 Uhr geöffnet, an Sonn- und Feiertagen von 10 bis 2.
„Haben Sie was anzumelden?"
„Nur meine guten Absichten."
„Steigen Sie bitte mal aus!"
Man muss teure Aufkleber kaufen, um auf deren Autobahnen fahren zu dürfen. Ist mir zu doof, also kaufe ich an der Grenze ein Hanuta. Das Klebebildchen von Michael Ballack auf meiner Fensterscheibe bringt mich durch jede Polizeikontrolle. Die Schweizer sind da nich so und ziehen den Hut vor kreativer Problemlösung. Habe eh nicht so viele Schweizer Franken, als dass ich die für Autobahnaufkleber verprassen könnte. Was mich indes immens wundert: Dafür, dass die Schweizer so viel mit Geld umgehen, sieht ihre eigene Währung erstaunlich … unseriös aus. Sehr … bunt. Jedes Kind könnte die mit Wachsmalern herstellen. Beschließe, reich zu werden.
Die Polizeiautos der Schweizer bestehen übrigens zu neunzig Prozent aus Käse. Irgendwo muss so'n Klischee ja herkommen. Die Polizisten selbst bestehen aber nicht aus Käse, sondern aus Mensch bzw. Schweizern, so man da 'nen Unterschied machen möchte. Die Polizisten sind aber alle sehr nett, obwohl man sie nicht essen kann.
Irgendwas war in diesem Hanuta drin. Wo war ich? Ah ja. Schweiz! Tolles Land. Will ein Schweizer

Nummernkonto. Falte mir ein Schließfach aus dem Silberpapier vom Hanuta. Brauch jetzt nur noch 'ne Bank. Male mehr Geld. Ein Polizeiauto schmilzt vor mir. Es muss Mittag sein. Packe mein Brot aus und esse mit den Polizisten Fondue. Gibt eh keine Verbrechen hier. Zum Abschied schenke ich den Schweizer Polizisten jeweils einen selbstgemalten Geldschein über 100 Millionen Franken. Bitte sie aber, nicht alles auf einmal auszugeben. Inflation und so. Hält sich aber natürlich keiner dran.

Zwei Wochen später werden Hanuta-Sammelbildchen als neue Währung eingeführt. Dann wird die Schweiz von den Österreichern überrannt und annektiert.
Was für ein verrücktes Land. Ich werd's ein bisschen vermissen.

Als das Radio mir Hitler stahl

Ich hatte mal was Neues ausprobieren wollen und mir eine Line Koks quer durch meine Wohnung gelegt. Ich bin ein Mensch, der an seinen Aufgaben wächst, und irgendetwas muss man ja tun, wenn man auf einen dieser berühmten Anrufe wartet. Ich hatte mir tausendfach ausgemalt, was genau geschehen würde, und als ich mit der Nase im Hausflur angekommen war, stellte sich die Situation so dar, dass das Telefon klingeln, man mich mit Lobpreisungen überschütten, unverschämt viel Geld überweisen und mir ein paar willige Frauen per Fax senden würde. Lob und Geld für diesen phantastischen Text von mir, die Frauen, weil auch unverschämt viel Geld einfach nicht ausreichte, um mir Anerkennung zu zollen. Das mit dem Faxen schob ich auf's Koks. Den Rest hielt ich allerdings schon für realistisch. Immerhin hatte das Radio MICH angerufen und einen Text zum Zeitgeschehen verlangt, ich hatte tollkühn behauptet: „Virtuelle Menschenketten bei Facebook – darüber müsste man mal was schreiben.“ Die Radiotante mit einem für mich unaussprechlichen Nachnamen hatte dann etwas ZU lange geschwiegen, sich geräuspert und letztendlich zugesagt.

„Ja, äh, dann, ja, äh, machen Sie einfach mal. Wir sind hier alle sehr …“ –tuscheltuscheltuschel – „… gespannt. Ja. Gespannt."

Und jetzt lag ich hier, zwei Wochen später, in meinem Hausflur, knappe drei Meter Koks in der Nase, wartete auf den Anruf aus der Redaktion und fühlte mich extrem professionell dabei. Das Telefon klingelte. Eine

schier endlose Kette aus Konsonanten und Gutturallauten sowie dem einen oder anderen achtlos eingeworfenen Vokal prallte mit voller Wucht gegen meine Hirnrinde.
„Ach, Sie sind's", sagte ich nur und versuchte mich gar nicht erst an der klanglichen Reproduktion dessen, was bei ihr wohl als Nachname durchging. Es gibt Momente, da kann man mit so was durchkommen – das hier war keiner davon.
„Tag, Herr Katze … Wissen Sie noch, wer ich bin?"
„Ja, klar, Frau … Radio. Wie könnte ich ihren eindrucksvollen Nachnamen vergessen. Der ist so imposant, da haben wahrscheinlich einige ihrer Vorfahren Jahrzehnte ihres Lebens reingesteckt, um den herzustellen. Ihren Nachnamen, den find ich so toll, den will ich gar nicht aussprechen, so toll find' ich den. Und er is' auch so schön leicht zu merken. Immer wenn ich an Sie denke, und ich denke viel an Sie, dann denk ich mir immer – ihr Nachname spricht sich wie ein auf Packeis laufender Frachter, nur mit ein bisschen mehr Schwung in den Konsonanten und das ist ja wohl 'ne gute Eselsbrücke, eine, die so richtig Eindruck hinterlässt, Frau … Radio. Was kann ich also für Sie tun?"
Und dann sagte sie das, was mir nicht viele Frauen sagen, und vielleicht ist das auch ganz gut so.
„Wir müssen über Hitler reden. Hitler – geht nicht."
Da mag einem jetzt der Kontext fehlen, und mir fehlte der zugegebenermaßen auch 'n bisschen, das is' das Problem, wenn man völlig high Texte fürs Radio schreibt, aber ich hatte wohl irgendwas über Hitler verzapft, und dass man dem die Facebookfreundschaft

kündigen sollte, was in der Retrospektive nur noch begrenzt Sinn ergab, aber dass Frau Radio dagegen war, konnte eigentlich nur heißen, dass die Stelle extrem gut gewesen sein musste, weil Radioleute immer genau das Gegenteil von dem tun, was ’ne gute Idee ist, und wahrscheinlich gibt’s deshalb auch Lokalradio.

„Was stört Sie denn an der Stelle?“, fragte ich also und bekam wieder so ’ne Antwort, die mir Frauen extrem selten geben.

„Ich habe Geschichte studiert“, sagte sie.

„Das tut mir leid“, sagte ich. „Aber noch mal zurück zu Hitler.“

„Ich habe Geschichte studiert“, sagte sie noch einmal.

Und ich sagte: „Wenn Sie mich damit ins Bett bekommen wollen, das wird nich funktionieren, aber es scheint ihnen ja irgendwie wichtig zu sein, also sage ich jetzt einfach mal: Aha!“

„Sie können nicht einfach so belanglos über Hitler schreiben“, meinte sie. „Wenn uns die Geschichte eines gelehrt hat, dann, dass man Hitler extrem ernst nehmen muss. Und außerdem sind die Zuhörer diese ewigen Hitlervergleiche leid. Die brauchen was Frisches."

„Ich hab Hitler mit niemandem verglichen. Ich hab nur gesagt, dass man ihm die Facebookfreundschaft kündigen sollte.“

„Und da stimmen die Fakten nicht. Facebook gibt es noch gar nicht so lang, wissen Sie?“

„Ich weiß, das hat mir letztens ein Freund auch gesagt, und der hat Geschichte studiert, ich vertrau dem da, aber das war ja auch nich der Punkt. Das Ganze war jetzt mehr so als Allegorie zu verstehen, wissen Sie?“

„Na, dann nehmen Sie doch mal wen Frischen, Kim Jong Il zum Beispiel oder irgendwen aus Afrika. Es gibt doch so viele schöne Diktaturen – warum immer nur Hitler? Der übrigens gar nicht mehr geht. Also, schon seit mindestens zehn Jahren geht der nicht mehr, ich bekomme jeden Tag Leserbriefe und da schreiben die Leute, dass sie die Schnauze voll haben von den ewigen Hitlervergleichen."

„Aber Hitler ist so schön griffig", sagte ich. „Da weiß jeder sofort, was Sache ist. Bei Kim Jong Il muss jeder erstmal nachdenken, ob der nicht vielleicht Basketball spielt oder Schachmeister is oder sowas. Außerdem hat der viel zu viele Silben, das klingt nicht gut, der kann von mir aus in politischer Lyrik auftauchen, wenn man den Trochäus noch irgendwie vollmachen muss, oder im Kreuzworträtsel von der Süddeutschen, aber in meinen Texten hat so einer nix verloren, da isses entweder Hitler oder keiner, Sie fangen ja auch nicht plötzlich an, irgendeinen asiatischen Nachbau zu fahren, nur weil Sie Mercedes auf einmal langweilig finden, oder?"

„… aber bei Kim Jong Il würde das mit Facebook wesentlich mehr Sinn ergeben …"

Das war der Punkt, an dem ich auflegen musste. Es gibt ja so Gespräche, die man einfach nicht gewinnen kann. Also änderte ich Hitler kurzerhand in SpongeBob, was den Text zwar derbe ins Surreale gleiten ließ, aber immerhin radiokompatibel machte. Die Mechanismen dahinter möchte ich jetzt nicht weiter diskutieren, vielleicht muss man dafür Geschichte studiert haben, jedenfalls reichte das Geld, um mir eine ganze Strandbar aus Koks zu finanzieren, und das war ja auch

schon mal was – man muss ja sehen, dass die Inspiration nicht auf der Strecke bleibt.
Einen Monat später wollten sie dann einen Text über die Naziaufmärsche in meiner Heimatstadt. Zwei Tage recherchierte ich intensiv im Kinderprogramm, dann entschied ich mich für Prinzessin Lillifee. Als dann eine Woche später mein Telefon klingelte machte mein Herz vor Freude einen kleinen Sprung.

Ich will die Fähre
Will die Flüge
Die ganz große Lüge
Von der Freiheit
Spüre zur Genüge,
wie ich mich selbst betrüge und grüble
Was da wohl falsch läuft

Es immer allen recht machen
Ist auch nicht deins
Und so sitzt du, weinst und stocherst
In deinen Selbstachtungsresten
Weil auch vom Besten nur Asche bleibt
Wenn man es lang genug tritt und zwischen den Fingern reibt

So wolltest du nie werden
Nie werden wie die
Die Poesie nur aus Büchern kennen
Du wolltest lebendig bleiben
Und jeden Tag Wunder erleben
Gegen die Welt nicht kämpfen
Nur deine Stimme heben
Du wolltest das Maximale
Zentrale Bestimmung die Suche nach MEHR
Und jetzt schau her, was du gefunden hast
Kein Glück der Welt
Immer nur Unrast
Viel zu hastig alles gegriffen, was nur geschliffen, aber nicht durch sich schön war
Und wie wunderbar einfach dir das alles schien

Wenn du durstig warst, hast du gegessen
Und getrunken gegen den Hunger
Nur um irgendetwas zu tun
Auch wenn das nicht das Richtige war
Denn da gab es kein Falsch und Richtig
Immer nur deine Art, die Dinge anzugehen
Mit anzusehen, wie den anderen immer alles zuflog
Das hat dich durstig gemacht
Und dann hast du gegessen
Besessen vergessen wessen Interessen stattdessen

wichtig waren.

Und nun stehst du … hier
Schaust dich an
Scheust dich ab
Ziehst dich auf
Hältst dich unten
Weil im Grunde NICHTS was ändert

Du willst die Fähre
Die Flüge
Die ganz große Lüge
Von der Freiheit
Einfach missverstehen

Du willst die Fähre,
Die Züge
Die dich ganz weit wegbringen
Wo es einfach nur still ist

Die Fähre
Die Züge
Die Flüge
Auf und davon
Wo du krampfhaft weitersuchen willst
Was allen gefällt
Und vielleicht sogar dir

Spiel mir das Lied vom Leben
Sei mir doch zweimal du
Wenn du dir selbst nicht reichst
Aber hör auf
HÖR AUF
Mit den Leidensgebeten
Mit betreten zu Boden blicken
Wenn die schicken Träume und Schäume
wie Schilfgras knicken
Da hat jeder Feder statt Schwert
Aber vielleicht hast du dich zu lange gewehrt
Gegen die graue Masse in deinem Kopf
Gegen die zweite Klasse, in der du für dich hockst
Wir können nicht alle Ausnahmen sein
Nur ausnahmslos besonders
Aber soll das dich stoppen?
Soll das den Ideenfluss trocknen?

Bieg das Schilfgras zurück
Lins dazwischen durch auf die Weite
Denn der Gedanke
An die Möglichkeit ist schön
Dass jeder ankommen kann
Ohne etwas zurücklassen zu müssen.

Du willst die Fähre
Die Flüge
Die Züge
Also lass dich nicht aufhalten.

110 g

Ich kann mich an gar nichts erinnern. Nichts. GAR NICHTS.
Das sind schlechte Voraussetzungen, um über eine Party zu schreiben, die ich mal besucht habe. Andererseits scheint das viel über die Party selbst auszusagen. Eigentlich wäre diese Party die perfekte Party gewesen, um danach den unsäglichen Satz zu äußern, mit welchem man damals Bands gründete. Und vielleicht haben wir das auch getan. Kann sich aber keiner dran erinnern.
Unser Drogendealer hatte Angst vor Klischees. Deswegen war er kein Jamaikaner. Wir wussten nicht genau, was er war, vielleicht stammte er von den Philippinen und er selbst machte einen großen Hehl daraus, seine wahre Herkunft zu verschweigen. Vielleicht hatte er selbst zu viel Gras geraucht und es einfach vergessen. Wir hätten ihm das durchaus zugetraut. Jedenfalls sah er nicht aus, als würde er aus Bottrop stammen, und so nannten wir ihn schlichtweg „den Indianer“. Seinen richtigen Namen kannte keiner. Wirklich. Keiner.
Die Lehrer nannten ihn aus Verlegenheit einfach Torsten, aber jedem, der den Indianer mal genauer ansah, musste dämmern, dass da irgendwas nicht stimmen konnte. Gut, zugegeben: Ich kenne einen Vietnamesen namens Frank und eine Chinesin, die ernsthaft Gabi heißt, aber ich kenne eben auch deren Eltern und ich kann euch versichern, das ist schon okay, die fanden das witzig. Die Eltern vom Indianer kannte ich nicht, aber so, wie der Indianer drauf war,

nahm ich an, dass auch seine Eltern keine Späße in der Richtung trieben. Und wenn doch, hätte er sie wahrscheinlich umgebracht. Oder sich das zumindest fest vorgenommen und dann vergessen.
Aus irgendeinem mir bisher unerklärlichen Grund hatte der Indianer andere Dinge allerdings nicht vergessen. Er hatte nicht vergessen, dass ich ihm mal einen tollen Trick verraten hatte, wie man Jugendlichen mit Gewürzen gestreckten Tabak als bestes Thai-Gras unterjubelte. Maggifix für Bolognese und so. Kennt man. Und die andere Sache, die der Indianer erstaunlicher Weise nicht vergessen hatte, war sein Geburtstag.
Eigentlich könnte ich hier aufhören, zu erzählen. Man weiß, was kommt. Achtzehnte Geburtstage haben ja an sich schon die Eigenart, etwas auszuarten, und die Sache wurde auch nicht besser dadurch, dass sein Onkel beschlossen hatte, die Party durch ein kleines Geschenk zu bereichern. 110 Gramm feinstes Gras.
Und ziemlich genau hier endet meine Erinnerung. Obwohl, wobei das nach anstrengender Überlegung nicht ganz korrekt ist. Ich habe geklingelt. „Ding …"
Und DA endet meine Erinnerung. Der Legende nach begrüßte uns der Indianer mit Vornamen. Unseren Vornamen. Er konnte sich erinnern.
Rien ne va plus. Die Realität machte mal kurz Pause.
„Katze. Joint zum Warmwerden?"
„Klar."
Meine Freunde wurden zu Pudding. Einer verwandelte sich direkt weiter und wurde ein Fahrrad. Das ging den ganzen Abend so. Das war nervtötend. Ich meine, allein der im Flur stehende Rauch war … Erdbeere! Hinter

dem Flur hätte eigentlich das Wohnzimmer liegen sollen, aber irgendwie existierten dazwischen im Nimbus noch zwei mannshohe neonfarbene Wasserpfeifen und ein Sofa. Die Wasserpfeifen ließen sich hervorragend anstarren und so ’ne Stunde geht ja echt mal schnell rum. Das Fahrrad verwandelte sich in ein Pferd. Immerhin waren meine Wahnvorstellungen konsistent. Irgendwann materialisierte eine Frau zwischen uns. Pudding fiel vom Sofa und verteilte sich auf dem Fußboden. Die Frau fand ihn süß. Das war kein Wortspiel. Vielleicht doch. Lässt sich nicht mehr feststellen.

„Willste nochma ziehen, Katze?“

„Klar.“

Ich erwachte in der Küche. Ich aß Chili. Das weiß ich noch relativ genau, weil es ja zwei Wege gibt, sich an eine Mahlzeit zu erinnern. Einer von ihnen fehlte mir im Nachhinein, dafür war der andere sehr eindrucksvoll.

Fontänen. Fontänen von Chili sind da aus mir herauseruptiert und alles, was meine Freunde dazu zu sagen hatten, war: „… nice!“

Aber das war schon später.

Vorher musste erst noch die andere Sache passieren, die total heftig und vor allem derbe lustig war und die Jahre später noch als *Die Sache* abgefeiert wurde. Kann ich mich leider nicht dran erinnern. Willem auch nicht. Der war zwischendurch Pudding gewesen. War aber wohl ziemlich gut.

„Komm, Katze, einen rauchen wa noch.“

„Klar.“

Dann stand ich recht unerwartet in der Schule. Meine Taschen waren voll mit Gras, genug für die nächsten drei Jahre, und der Gong läutete das Ende der letzten Stunde ein.
Mein Deutschlehrer klopfte mir freundschaftlich auf die Schulter. „Weiter so, Herr Katze“, sagte er dann. „Wenn Sie häufiger so wären wie heute, sähe ich da noch Hoffnung für Sie und Ihre Zukunft.“
Ich habe es versucht. Ich habe es wirklich versucht. Dann wachte ich auf und war im dritten Semester. Keine Ahnung, was ich da studierte. Willem auch nicht. War aber wohl nicht so schwierig.
„Ey, Katze, hast du noch Gras?“
„Klar.“
Die Zeit – sie vergeht so unglaublich schnell, wenn man sich angeblich ganz gut amüsiert.

Der beste Slamtext aller Zeiten

Text hat keinen Anfang. Anfänge sind doof. Anfänge und Inhalt – doof.
Fahre grundlos nach Koblenz auf einen Slam. Drei Stunden Zug.
Lese vor 130 Leuten einen Text über Drogen vor.
130 Leute finden mich derbe scheiße. Veranstalter meint, Publikum sei heute auch ungewöhnlich kritisch.
Veranstalter sagen das immer. Überall.
Scheinbar gehen nur superkritische Arschlöcher auf Slams.
Bis auf euch.
Ihr seid toll.
Echt.
Fahre drei Stunden zurück.
Beschließe, weitestgehend auf Pronomen und Artikel zu verzichten. Schreibe dann besten Slamtext aller Zeiten.
Lasse besten Slamtext aller Zeiten leider im Zug liegen.
Sinnkrise. Suche neues Hobby. Schaue Kabel Eins und entdecke Wurstmachen für mich.
Beschließe, beste Salami aller Zeiten herzustellen. Funktioniert.
Fahre wieder auf Slam und rede über Wurst. Funktioniert auch.
Wurst geht immer. Publikum feiert Wursttext ohne Pronomen und Artikel frenetisch ab.
Schlafe an diesem Abend mit sieben Frauen. Gleichzeitig.
Fahre dann nach Hause. Stecke vorher als Danke 'ne Salami zwischen die Kissen und warte auf Fanpost.
Frühstück zu Hause mit meiner Freundin.

Freundin ist Vegetarierin. Schwieriges Wort. Vegetarierin.
Beschließe, sie loszuwerden.
Mache Salami.
Fühle mich dann aber doch einsam.
Esse Salami. Muss dabei an sie denken.
Fahre auf Slam, um Frauen kennen zu lernen.
Lese superkritischen Text über Slamtexte voller Hauptsätze und superkritische Arschlöcher.
Kommt nicht gut an.
Superkritisches Publikum.
Streue was über Wurst ein und schreie ein wenig rum. Hilft.
Sage dem Slammaster, dass ich übrigens besten Slamtext aller Zeiten dabei habe.
Stimmt aber nicht. Hab ich ja im Zug verloren.
Slammaster glaubt mir aber trotzdem. Das machen die Hauptsätze. Findet das voll sozial, dass ich den nicht vorgelesen habe. Wegen der anderen Slammer. Die wären dann super traurig. Ernennt mich kurzerhand zum Sieger.
Schaue superkritisch. Reicht nicht. Slammaster telefoniert kurz. Erzählt anderen Slammastern, ich hätte besten Slamtext aller Zeiten dabei. Mit Wurst.
Werde schnell und unbürokratisch zum deutschsprachigen Meister im Poetryslam bestimmt. Auf Lebenszeit.
Wurst zieht immer. Mache mehr Salami.
Ersetze in meinen Gedichten wahllos Worte durch „Wurst“.
Meine Lyrik wird plötzlich anerkannt.

Fanpost von allen Frauen, mit denen ich je geschlafen habe. Bekomme eigene Postleitzahl.
Schreibe dann doch noch mal besten Slamtext aller Zeiten.
Finde den eher mittelmäßig. Schreibe dreißig weitere beste Slamtexte aller Zeiten.
Verschenke sie in einem Anfall von Nächstenliebe an weniger talentierte Slammer als mich.
Torsten Sträter, Andy Strauß, Patrick Salmen und Sebastian 23 freuen sich sehr über ihre neuen Texte und sind daraufhin endlich auch mal erfolgreich.
Fahre nach Berlin und bin dort sehr metatextuell, indem ich den ewig gleichen Aufbau von Slamtexten in einem Slamtext kritisiere.
Beschließe, das Konzept vom Slam umzukehren.
Berlin findet das gut, aber das reicht leider nicht fürs Finale.
Berlin fliegt raus. In der Vorrunde. Das ist bitter. Startplatz 1. Und das auch noch als Local. Machst du nix.
Sage Berlin, dass die Slammer heute auch superkritisch waren.
Sage das immer zu Städten.
Berlin findet das gut und will weitermachen mit diesen Slams.
Ich unterstütze das.
Dann fällt mir auf, dass das alles keinen Sinn ergibt, was ich hier so schreibe.
Muss auch nicht.
Das hier ist nur 'n Slamtext mit wenig Pronomen und Artikeln.
Dafür mit Wurst.

331 Euro

„28 Prozent der jungen Menschen in dieser Altersklasse müssen teilweise auf Hartz-IV-Niveau leben – oder sogar darunter. […] Das ist eine Dimension, die keiner ignorieren kann. Hier ist die Politik dringend gefordert."

- Norbert Struck, Vorsitzender der Arbeitsgemeinschaft für Kinder- und Jugendhilfe

Sie haben dir immer gesagt, dass du nur einen Job bekommen musst. Echt. Denn wenn du keinen Job hast, dann gehst du HARTZen, und HARTZEN, Alter, das is echt asozial.

Und dann hast du deine Ausbildung und verdienst. Du verdienst SO RICHTIG. 331 Euro im Monat. Paaaaartyyyy! Und das is Tariflohn, Bitch. Lass es regnen. Gut, das is auch unter HARTZ IV. Und das für knapp jeden vierten Jugendlichen in Deutschland. Aber was wirste auch Frisör?

Echt. Geh doch ma studieren. Na, ich sag mal so: Musst du ja nich. Wenn du das nicht kannst, weil vielleicht deine Eltern nich die Kohle haben oder aber einfach nicht willst, weil's dich nicht interessiert – kein Problem. Klar, zugegeben, dann musst du dich eben arrangieren mit der Tatsache, dein Leben lang 'n Fußabtreter zu bleiben. Aber, irgendwie isses eben deine Entscheidung. Und gerecht find ich das schon. Ich meine, ich, mit meinem Studium, ne, da kann ich RICHTIG was bewegen. Ey, da rede ich über Sachen und so. Krass. Über SACHEN!

Nahost. NAHOST. Kann ich drüber reden. Du schneidest Haare.
So. Ich denk nach und red 'n bisschen, du stehst acht Stunden lang rum und schneidest Menschen wie mir die Haare vom Kopf, damit wir hübsch aussehen, unsereiner kennen lernen und viele tolle, produktive Babys in die Welt setzen können, denen dann deine Kinder auch die Haare schneiden dürfen – und jetzt sag mir noch mal, dass du den Wertunterschied unserer beiden Leistungen von knapp 3000 Euro nicht nachvollziehen kannst.
Ja, natürlich, das liegt an der Politik. Die müsste da dringend mal handeln. Wird immer wieder mal gefordert von Leuten wie mir, also studierten Leuten, die aus irgendeinem Grund für dich Partei ergreifen.
„Wieso, is doch Tariflohn", sagt dein Chef. „Wo liegt denn jetzt das Problem?"
Und die Politik, die immer so gefordert wird, die beschäftigt sich dann auch lieber damit, mal ganz genau nachzurechnen, ob denn der HARTZ-IV-Satz auch wirklich nicht zu hoch liegt. Weil, das ginge ja nicht. Nicht, dass hier jemand in dem ganzen Luxus umkommt. Obwohl – dann läge dein Gehalt immerhin über HARTZ IV. Könnte keiner mehr meckern.
Und, ganz ehrlich, bitte. Wie viele Stunden am Tag arbeitest du? Acht? Neun? Und was machst du den Rest des Tages? Freizeit. Und Freizeit kostet Geld. Junge, überleg doch mal. Das Problem sind nicht wir, die immer gleich aufheulen, wenn wir für 'ne ordentliche Leistung angemessen bezahlen sollen. Was für'n Quatsch. Junge, du lebst einfach zu viel. Such dir doch 'n zweiten Job. Und 'n dritten. Dann brauchst du auch

keine Wohnung mehr finanzieren. Ich finde, generell, dass das Leben auf der Straße viel zu dramatisch dargestellt wird.

Mein guter Kumpel Thilo Sarrazin hat das mal ganz nett formuliert: Warum heizen, wenn man auch einfach ’n dicken Pullover anziehen kann?

Und du, mein Freund, müsstest einfach ’n bisschen mehr arbeiten. So sieht’s doch aus. Nich immer „Wochenende“ oder dieses „Essen“. Ey, sei ma froh, dass du ’n Job hast. Und sei mal dankbar. 331 Euro im Monat. Weißt du, wie viel das ist? Das sind umgerechnet knapp 650 Deutschmark. Um die 1400 Zloty. Oder 22.644 indische Rupie. Das ist doch Leben auf der Überholspur!

Aber du kannst immer nur meckern, meckern, meckern. Beziehungsweise KÖNNTEST du das. Aus irgendeinem mir völlig unerfindlichen Grund tust du das aber nicht. Oder aber – und das ist es wohl eher – wir alle hören dich nicht. Weil es uns nicht interessiert. Weil Armut was für andere ist. Für andere Länder, wo die Menschen so schön schwarz sind. Ja. Genau. Du sollst nicht so viel rumjammern, wenn in Afrika Kinder verhungern, das höre ich oft und du wahrscheinlich auch. Du mit deinen „Luxusproblemen“. Wenn ich dieses Wort schon höre, bekomme ich Hasspickel. Dieses arrogante Geschwätz, dass man sich doch bitte nicht so anstellen solle, man würde ja nicht verhungern, wie schlimm könne es also schon sein?

Ganz ehrlich? Ich habe keine Ahnung, wie schlimm das ist.

Ich habe nie vom Staat leben müssen, aber das auch nur, weil ich unglaubliches Glück hatte. Allein die

Monate, in denen mein Antrag auf HARTZ IV lief, waren für mich so erniedrigend wie selten zuvor etwas in meinem Leben. Du fühlst dich wie ein Bürger zweiter Klasse, wenn du da herumgeschoben wirst und vom Gutdünken anderer abhängig bist.
Genau wie du.
Und ich muss dich bewundern. Bewundern, dass hier in Luxusland Deutschland nicht die Autos brennen. Oder halt, dass sie NOCH nicht brennen. Vielleicht kannst du dir die Zutaten für'n guten Brandsatz auch einfach nicht leisten. Bei 331 Euro im Monat – da würd' ich auch knapsen. Grad bei den Spritpreisen.
Rebellion – muss man sich eben leisten können.

Mein schönstes Ferienerlebnis

Ich weiß nicht, ob das allgemein bekannt ist, aber ich bin ja scheinbar eines der wenigen Individuen, welche eine Urlaubsphobie ihr Eigen nennen. Vielleicht bin ich auch nur jemand, der's mal realistisch sieht.
Was ist so schön am Urlaub machen?
Mit gefühlten 120 Kilo Gepäck auf den Knien bis zum Sonnenuntergang in einem unklimatisierten Ford Fiesta über kadaververkrustete Autobahnen brettern, bekleidet in zu kurzen Hosen, die auch den charmantesten jungen Herrn wie einen vorbestraften Sextouristen aussehen lassen, sich an Autobahnraststättentoiletten die aus dem völlig plattgedrückten Brötchen gefallenen Fleischsalatreste in einer menschenunwürdigen Pose halb auf das urinverkrustete Spülbecken gekniet aus der Hose rubbeln, danach noch schnell ein Plüschtier für freundlich geschätzte 35 Euro kaufen, weil auf halber Strecke die Sedativa für die Kinder ausgegangen sind und grad kein Arzt in der Nähe zu sein scheint, der für einen kleinen Obolus auf die nervigen Fragen verzichtet und ein Rezept ausstellt.
Und nicht, dass es im Hotel aufhören würde. Irgendjemand hat mal so als generellen Tipp für harte Zeiten gesungen, man solle sich an seiner Liebe festhalten, aber geteiltes kakerlakenverseuchtes Zimmer bleibt trotz Doppelbett eben ein kakerlakenverseuchtes Zimmer, da kann man sich an der gegenseitigen Liebe festhalten, wie man will, manche Dinge lassen sich nicht wegromantisieren und selbst in zwanzig Jahren wird man den Urlaub nicht anders beschreiben können als

mit den einfachen, schmucklosen Worten: „Boah, war DAS scheiße!“
Manche helfen sich ja in solch fordernden Situationen mit scheinbar überall auf der Welt präsenten RTL-Kamerateams, welche dann ihre journalistisch fundierte Arbeit über die schönsten Titten am Strand von El Arenal kurzzeitig unterbrechen, um die katastrophalen Zustände zu dokumentieren. Das hilft zwar nix, aber wenigstens kann man zwanzig Jahre später sagen: „Boah, war DAS scheiße, aber immerhin waren wir mal im Fernsehen!“, woraufhin die inzwischen geschlüpften Enkelkinder lakonisch kommentieren: „Boah, Oma, du bist ja heute NOCH fetter als damals!“
Ja, danke. Dann doch lieber weg vom Pauschal-, hin zum Individualtourismus.
Bei knackigen elf Grad die „schönsten Tage im Jahr“ im Zelt verbringen, weil man natürlich den Hinweis der Freunde: „Nicht in die Bretagne, da regnet's IMMER!“ in den orkanartigen Wind schlagen musste. Kann man dann doch mal raus, um die nicht funktionierende öffentliche Toilette zu besichtigen, ist wenigstens das Kind glücklich, darf es doch nun endlich ausgelassen spielen und die Wunder der Natur erleben.
„Papa, Papa, ich hab zwei Vögel gefunden!“
„Nein, Franziska, das ist nur einer!“
Bah! Aber wenigstens hat man die Campingstühle vergessen und den Öffner für die Ravioli. Das mit dem Einkaufen in dem schnuckeligen französischen Landladen für das „typisch französische Abendbrot“ mag dann auch nicht so recht klappen, was an der typischen saisonuntypischen Schließung liegen mag. Von den Campingplatzleidensgenossen, die sich

prinzipiell mit: „Hi, ich bin der Rolf. Seid ihr auch Deutsche?“ vorstellen, erfährt man dann, dass der Ladeninhaber wegen des schlechten Wetters nach Deutschland ausgewandert sei. Im Laufe des unweigerlich folgenden Gesprächs erfährt man dann, dass die Bretagne zu dieser Jahreszeit ja eigentlich am schönsten sei, und das bisschen Regen, na ja, man habe ja sicherlich vorgesorgt und zwischen all den Sextouristenhosen auch das eine oder andere Jack-Wolfskin-Regencape eingepackt, und selbst wenn nicht, Marianne, also Rolfs Frau, habe sicherlich noch das eine oder andere dabei, man trage ja gerne Jack Wolfskin, die machten auch so wunderbar kuschelige Fleeceshirts und die Schuhe, mein Gott, von den SCHUHEN wolle man gar nicht erst anfangen. Mit Markenfetischismus habe das nun aber rein gar nichts zu tun, man lege keinen Wert auf Statussymbole, so etwas habe man als Studienrat an einem Gymnasium nun wirklich nicht nötig, aber dass an jedem Reißverschluss so ein schönes Jack-Wolfskin-Symbol baumle, das sei ja schon ein schönes Detail und außerdem hätte die Stiftung Warentest ja in der vorletzten Ausgabe geschrieben, obwohl, man hätte das Heft grad dabei, „Marianne, holst du mal eben das Stiftung-Warentest-Heft? Nein, das mit den Jack-Wolfskin-Regencape-Tests. Nicht das über die Fahrradhelme, die wir im letzten Jahr gekauft haben ...“

Pistolen haben Rolf und Marianne leider nicht dabei. Wäre aber auch zu schön gewesen. Muss man sich halt anders umbringen. Vielleicht findet sich ja in der Nähe ein schnuckeliges Hotelzimmer. Da kann man sich dann schön romantisch von den Kakerlaken auffressen lassen. Vielleicht macht RTL ja 'n Film drüber.

<30 (herzdreißig)

Wenn ich gern mehr wär wie früher
Dann wünsch ich mir das Meer her wie immer
Wo die Gedanken treiben und stranden
Aus guten und noch besseren Gezeiten
Salzwassergeruch
Irgendwo am Fjord
Und Erinnerung an Norden
Meilen weit fort
Ich war 'n Freund von Joint und Dosenbier
Weit abgeschlagen zwischen den Dünen lagen wir
Versteckt
Wo sich das Schilfgras bis hinter die Sonne reckt
Und direkt dahinter
Das Meer
In dem die Sonne auf- und untergeht

Der Geruch von Seetang und Salzwasser
Der Anblick von Seegang und salznasser Haut
Darin liegt meine Kindheit verborgen
Sorgenfrei
Darin liegen Erinnerungen an Montagmorgen auf dem Deich
Gleich neben gebrochenen Herzen, Freundschaft
Und meiner ersten großen Liebe
Wovon nichts übrig bliebe
Wäre da nicht der Geruch der Küste
In dem all das sicher verwahrt liegt
Egal, wie weit ich weggehe
Egal, wie weit ich nach vorn sehe
Salzwassergeruch reißt mich immer zurück

In ein Stück Leben, in dem ich immer bleiben wollte
Aber dann doch erwachsen wurde

Und wenn ich gern mehr wär wie früher
Dann wünsch ich mir das Meer her wie immer
Freischwimmer in Erinnerungen
Tauchen in Vergangenheit
Die in diesem Meer aus ICH
Selten, aber an den richtigen Stellen
Ein Strand sein kann
Daraus Sandburgen bauen, kurz darin leben und dann
Ja, was „dann"?
Dann bin ich wieder dreißig
Sitz in meiner Großstadtwohnung und weiß nich'
Ob ich Sandburgen oder Parkplatzstrände will
Ob meine Seele im Meer schläft
Oder auf Stadtstraßen chillt
„Warum geht denn nicht beides?"
Kann ich erwachsen und Kind sein?
Kann ich denn wachsen und gleichzeitig
So blind bleiben
Dass sich Asphalt wie Strand anfühlt
Dass ich in Hochhausriffen
Nach Erinnerungsperlen tauchen
Und von Müllkippenklippen
Hinunter ans Meer klettern kann?
Wann muss ich Fuß fassen?
Wann muss ich aufpassen statt zulassen?
Wann wird nicht an morgen Denken zu
Handeln ohne Rücksicht?
Wann werd ich von betrunken BMX fahren
Zu Familienvater auf Hollandrad mit Rücklicht?

Ich weiß nicht, ob ich mich entscheiden muss
Weil doch beides gehen muss
Rock 'n' Roll-Foxtrott
Headbangen zu Klassik
Weißweinschorle aus der Halbliterflasche
An der Bushaltestelle
Auf Spielplätzen rumhängen
Und dann mit dem Auto nach Hause
Hals über Kopf verliebt
Mit der besten Freundin zusammen sein
Nächte durchtanzen beim Spieleabend
Zu Viert im Wohnzimmer

Und dazwischen immer der Geruch vom Meer
Der mich auffängt
Das ist alles, was ich will
Und das sind Gedanken, die kommen,
Wenn ich ans Meer denke
auch wenn ich heute viel viel viel mehr denke als früher

Jede Wahrheit braucht einen Mutigen, der sie ausspricht

Eine Gemeinschaftsproduktion von Tobi Katze (Strophe 1) und dem Google-Übersetzer (Strophen 2 bis 5)

Es geht immer im Kreis
Ich frag die Maschine
Und sie mich zurück und
Stück für Stück
Verlieren diese Zeilen
Bedeutung ohne zu verweilen
In den Köpfen derer, die keine Eile scheuen
Sich blind
Und ohne analoges Netz
Fallen ließen
Und die Fallen ließen sie
in Irrgärten aus Halbwahrheiten wandeln
aus Halbmotiven nach ihrem Halbgewissen basierend
auf Halbwissen handeln
Jede Wahrheit
Geht bei der Übersetzung in Sprache verloren

Es geht im Kreis
Ich frage die Maschine
Das bringt mich zurück
langsam
Verlieren Sie diese Zeilen
Und blieben ohne signifikante
In den Köpfen derer, die nichts dagegen haben, wer in Eile
blindlings
Ohne das analoge Netz

Nicht dargestellt werden
Und die Fallen
Wandern in der Labyrinth von Halbwahrheiten
Motive des Gewissens, sie fast halb-Wissensgesellschaft
Oberfläche
Die Wahrheit
Lost in Translation

Es wird in den Kreis
Ich frage die Maschine
Das erinnert mich
Allmählich
Verlieren Sie diese Zeilen
Und ohne signifikante verbleibenden
Sind in Eile in den Herzen der Menschen, die nicht
über die Pflege
blindlings
Keine analogen Netz
Wird nicht angezeigt
und Traps
Gehen wie ein Labyrinth von Halbwahrheiten
Motive des Gewissens, sie sind fast die Hälfte der
Oberfläche der Wissensgesellschaft
Wahrheit
Lost in Translation

Es ist in der Schaltung
Ich frage die Maschine
Es erinnert mich
allmählich
Lose the Lines
Und selbst ohne nennenswerte

Sind in Eile in den Herzen der Menschen, die nicht
über die Pflege
blindlings
Keine analogen Netz
Wird nicht angezeigt werden
und Druck
Walk Like a Mays von Halbwahrheiten
Motive des Gewissens, sie sind fast die Hälfte der
Oberfläche der Wissensgesellschaft
real
Lost in Translation

Ist der
Ich frage die Maschine
Es erinnert mich an
allmählich
Linien verlieren
Und selbst ohne nennenswerte
Er, der sich im Herzen derer, die nicht über das Egal
beeilt
zufällig
Analog-Netzwerk ist nicht
Nicht angezeigt
und Druck
Mays ist ein Spaziergang von einer halben
Angeführt von Gewissen, in der oberen Hälfte des
Wissen über die Gesellschaft
real
Lost in Translation

Jede Wahrheit
Geht bei der Übersetzung in Sprache verloren

Die fabelhafte Welt von Rokko, McIll, Johnny Waschbär und mir, zwar nicht auf der Reeperbahn, aber immerhin so gegen nachts um halb Eins

Viele sagen ja, das Leben eines Autors sei relativ belanglos und seine Dienste an der Menschheit in ebensolchem Maße. Autoren schaffen sich ein Stück Papier an oder, wenn Nutten und Koks wegen 'ner fiesen Nebenhöhlenentzündung mal ausfallen mussten und ein wenig Geld im Haus ist, auch einen Computer, auf dem sie dann schreiben können, was ihnen grad wichtig erscheinen mag. Dazu ziehen sie meist in irgendein hippes Viertel, bewohnen ein heruntergekommenes Hotel, in dem man sich den Namen des Nachtportiers nicht zu merken braucht, weil der eh alle drei Wochen wegen dubioser Drogengeschäfte erschossen aufgefunden wird, und schauen mal so aus dem Fenster, nur um zu gucken, was da draußen so abgeht in der Welt.

Bei mir ist das ganz ähnlich, nur dass ich im wunderschönen Hafenviertel noch kein Hotel mit der angesagten Todesrate gefunden habe, welches AUSSERDEM nahe an einem Kiosk liegt. Deshalb bewohne ich ein schmuckes Zimmer im schönen Norden mit Balkon zur Nordseite und Blutlachen vor der Haustür sowie allerlei interessanten Persönlichkeiten, welche im Haus gegenüber wohnen, denen ich allabendlich bei ihren sexuellen Aktivitäten zusehen kann, wenn mir danach ist. Meistens allerdings mag mich der Gedanke an sich gegenseitig auspeitschende, übergewichtige Mittvierziger nicht richtig mit Freude erfüllen, vor allem da ich weiß, dass ich sie nach

Vollendung ihres Liebesspiels wahrscheinlich unten am Kiosk treffen werde, wo sie sich die wohlverdienten Zigaretten danach kaufen. Da lasse ich die gratis Erwachsenenbildung über neue Trends im Bett gerne mal ausfallen und kaufe ahnungslos mein Bier, während Peitschen-Manfred zufällig auf Latex-Gabi trifft und beide sich von der gezeichneten Ex-Profisportlerin, die seit neuestem in meinem Kiosk die Aushilfe macht, über die Gefahren des Rauchens aufklären lassen müssen. Manne und Gabi kaufen daher aus Protest gleich jeweils 'ne ganze Stange Rot-Händle und verziehen sich wieder in ihre Liebesnester, während ich mit ein paar Fläschchen eiskaltem Bier zurück in meine Wohnung ziehe, um mir ein paar sonnige Gedanken über die weitere Abendgestaltung zu machen. Denn als Autor, da hat man neben extrem vielen Groupies und Null gesellschaftlicher Anerkennung nämlich vor allem eines: viel Freizeit. Aber weil das mit der Freizeit ja allgemein bekannt und eigentlich auch stinklangweilig ist, wollte ich was ganz anderes erzählen.

Letztens nämlich verspürte ich wieder diesen Drang nach zivilem Ungehorsam, wie ihn Kinder meiner Generation, denen ja schon alles von den Eltern vor der Nase wegprotestiert wurde, manchmal verspüren, wenn sie wieder mal was Wildes tun wollen, aber nix Wildes zu tun haben, weil sie halt in 'nem total spießigen Kaff wohnen, wo man nicht mal eben 'ne Tankstelle überfallen kann, weil die nächste so weit weg ist, dass man mit dem Fahrrad ewig hin braucht, und außerdem regnet es ständig und dann im Regen mit dem Fahrrad 'ne halbe Stunde vor der Polizei nach Hause fliehen, das ist ja auch nichts, weil dann ist man bestimmt erkältet

und erkältet sein im Gefängnis, liebe Freunde, das ist nichts für Samstagabende.
Ich hatte zwar kein Bedürfnis, Tankstellen zu überfallen, was vor allem daran lag, dass ich ja ein Auto besitze, und dann kann man sich da ja nie wieder blicken lassen, obwohl die Anfahrt schneller geht, aber vor allem wohne ich ja nicht in irgendeinem spießigen Dorf, sondern im hippen Hafenviertel, wo nachts die Sirenen heulen und die Schüsse peitschen, und da muss man eben keine Tanke überfallen, um was Wildes zu tun, da reicht es auch, mal vor die Tür zu gehen und irgendwo 'n Bier zu trinken.
Ich rief also meine Kollegen McIll, Johnny Waschbär und Rokko an und fragte, wer von den Dreien sich noch erinnern könne, wo ich eigentlich mein Auto geparkt hatte. Normalerweise hänge ich nicht mit den alten Jungs aus Vietnam rum, wir haben ziemlich viel Scheiße durchgemacht, damals im Krieg, und seitdem ist unser Verhältnis etwas gespalten, aber es muss wohl daran gelegen haben, dass meine üblichen Verdächtigen mal wieder völlig zugekifft, auf irgendeinem üblen Stoff hängen geblieben ihre Plattensammlung neu sortierten, weswegen sie alle keine Lust auf 'ne kleine Spritztour hatten. McIll, Johnny Waschbär und Rokko waren zwar auch völlig high und auf 'nem üblen Trip, hatten aber schon vor Monaten ihre Platten auf einem Urlaub in der Bretagne an einen zwielichtigen Schweizer verkauft. Warum wussten sie auch nicht mehr, was sie allerdings in dem Glauben bestärkte, dass es sich echt gelohnt haben musste.
Das Problem mit meinem Auto allerdings wollte sich nicht lösen lassen. Einfach so ein neues kaufen wollte

ich auch nicht unbedingt, immerhin fahre ich einen schmucken Opel Kadett, Miami Edition, das heißt mit Schiebedach, und mit so einem Auto ist es wie mit uns damals in Vietnam, keiner wird zurückgelassen. Gut, bis auf Eugen. Aber wer in einem Platoon dient, wo Kerle mit Namen wie McIll, Johnny Waschbär und Rokko rumhängen und selber Eugen heißt, der muss mit so was rechnen, finde ich. Ich glaube, er hat uns das auch nie sehr übel genommen, zumindest nicht allzu lange.
Meine Karre jedenfalls. Nach ein paar sehr inspirierenden Flaschen Bier kam uns der Gedanke, dass wir bei unserem letzten Zusammentreffen, nachdem wir den geklauten Militärhubschrauber auf dem Parkplatz in Hanoi hatten stehen lassen, mit dem Bus nach Castrop-Rauxel gefahren waren und deshalb die gute Chance bestand, dass mein Auto vielleicht immer noch dort parkte, wo ich es vor dem Krieg in Vietnam abgestellt hatte, was ja erst knapp zwei Wochen her sein konnte. Viele Schlaumeier werden jetzt aufhorchen und einwerfen wollen, dass der Vietnamkrieg irgendwann Mitte der 60er stattfand und dass das ja total unrealistisch wäre, weil mein Kadett ja grad mal 18 Jahre alt sei und ich da generell noch gar nicht gelebt haben könnte, geschweige denn, dass das Jahr 67 erst knappe zwei Wochen her sei, woraufhin ich erklärend erwidern möchte: Klugscheißer.
Jedenfalls, ab da war alles eigentlich recht einfach. Ich fand meinen treuen Opel Kadett relativ unbeschadet in der Schlammgrube, in der man hier seine Autos abzustellen pflegt und die von Zugezogenen häufig als so genannter „Mittelstreifenparkplatz“ fehleingeschätzt wird. Die meisten sehen ihren Fehler ein, nachdem sie

ihr unsachgemäß abgestelltes Erstfahrzeug an das Erdreich verloren haben. Wie viele herrenlose Kleinwagen da irgendwo tief und einsam unter einer Schicht von Altpapier, Schlamm und Zigarettenkippen begraben liegen, mag viele Gebrauchtwagenhändler in Ekstase versetzen, aber der Rest der Menschheit tut das, was vernünftig ist: Gras über die Sache wachsen lassen, neues Auto organisieren und beim nächsten Parkversuch darauf achten, dass mindestens EIN Rad über die Bordsteinkante hängt, quasi als Fallsicherung, wenn sich mal wieder der unerbittliche Schlund öffnet, um alles zu verschlingen, was sich da oben so angeparkt hat. So hat sich das halb-auf-der-Straße-parken inzwischen zum guten Ton gemausert und wer ordentlich eingereiht steht und niemandem den Platz wegnimmt, der bekommt mindestens ’n Rückspiegel abgetreten, quasi als nachbarschaftliche Geste der Warnung vor dem Morast.

Mein Auto stand jedenfalls noch auf Grundniveau und die zwei fehlenden Reifen montierten wir kurzerhand von einem nebenstehenden Panda ab. Wenn der zwei neue benötigen sollte, würde sich bestimmt ein anderer Wagen finden, der grad zwei Reifen zu viel auf den Achsen hatte, denn wer parkt, braucht nicht alle vier. Das ist so was wie der Energieerhaltungssatz, nur halt mit Autoreifen und dass immer mindestens einer parken muss, aber ansonsten gibt’s da nicht viele Unterschiede. Wir sind halt ein Viertel voller Nachbarschaftshilfe und Pragmatismus.

Wenn man ins exotische Nachtleben des Hafenviertels segelt, gibt es eigentlich nicht viel zu beachten. Anders als in anderen schicken In-Vierteln kommt man mit

Turnschuhen überall rein, das einzige Problem ist, dass man niemals versuchen sollte, die Zeche zu prellen. Anderswo mag das als Zeichen von materieller Unabhängigkeit gelten, Leben ohne Geld und so, da wird man sehr respektvoll für diesen alternativen Lebensstil bewundert und bekommt natürlich alles gratis, weil ja alle ach so cosmopolit eingestellt sind, hier allerdings kann es einem durchaus passieren, dass man alle Viere von sich gestreckt über den Tresen genagelt wird, gleich neben drei Sorten Doppelkorn und die Buddel Rum, während schon mal die Dartpfeile verteilt werden.

Die größte Gefahr in den meisten alteingesessenen Kneipen lauert allerdings ganz woanders, denn sie haben ein unschlagbares System, ihre Gäste zielgerichtet ins Delirium zu treiben. Ein leeres Bierglas wird sofort und ungefragt wieder aufgefüllt. Ich empfinde dieses Verhalten als erfrischend ehrlich. In den meisten anderen Lokalitäten tippelt nach jedem erfolgreich vernichteten Hopfenkaltgetränk eine furchtbar beschäftigte Bedienung heran und fragt mit einem Tonfall, der dir sofort klar werden lässt, dass sie eigentlich viel zu gut aussehend und beliebt ist, um dir irgendeinen Wunsch zu erfüllen, ob man vielleicht noch etwas trinken möchte. Daraufhin sieht man sich um, um zu sehen, ob sich in der Zwischenzeit die anderen drei frustrierten Singlemänner auf wundersame Weise in gepflegte Gesellschaft verwandelt haben, stellt schockiert fest, dass dem nicht so ist und fragt sich im Stillen: „Sieh uns doch an. NATÜRLICH wollen wir mehr Bier. Warum sollten wir sonst hier sein?“ Aber sagen tut man nur: „Ja, bitte noch vier.“

Dieses peinliche Ritual wird in der schönen Kneipe, die nach irgendeinem Leuchtmittel benannt ist, weitestgehend umgangen und wer es nicht schafft, in den entscheidenden drei Sekunden nach Absetzen des leeren Bierglases einen Deckel darauf zu platzieren, wird innerhalb der nächsten Minute ein neues, volles Bier vor sich stehen haben. Auch gerufene Abbestellungen werden mit einem lakonischen: „Jetz is schon halb fertig. Dat trinkste doch noch, oda?" abgeschmettert. Je später der Abend nun wird, umso schwerer fällt es den meisten Menschen, Deckel und Glas zu einem funktionierenden Ganzen zusammenzufügen, bis sie irgendwann vor einem halbvollen Glas kollabieren.
„Dat is ja noch halbvoll", poltert die Wirtin dann. „Dat trinkste jetzt aba noch aus. Kein Benehmen mehr heutzutage."
Ist das letzte halbe Bier geschafft, übernimmt normalerweise die Stirn die Rolle des abschließenden Deckels und man darf endlich zahlen und nach Hause gehen.
Ich weiß nicht mehr genau wie, aber irgendwie gelingt es uns, rechtzeitig vor dem motorischen Totalversagen unsere Rechnung zu begleichen und die Lokalität zu verlassen. Wir sind alle knallvoll und niemand ist über den Tresen genagelt und mit Dartpfeilen beworfen worden, EIGENTLICH also alle Zutaten für einen gelungenen Abend, aber wie es nun mal so ist, irgendjemand hat immer eine von diesen Ideen. Ideen sind zwar prinzipiell nicht sonderlich verachtenswert, aber vielleicht sollte man mal dem Bundespräsidenten stecken, dass wir dringend ein Gesetz brauchen,

welches es verbietet, in den ersten fünf Minuten nach Verlassen einer Kneipe eine Idee zu haben beziehungsweise diese zu äußern. Da das aber bisher nicht geschehen ist, schläft der Bundespräsident seelenruhig im schicken Schloss Bellevue, während wir im Dortmunder Hafenviertel beschließen, noch eine weitere Kneipe aufzusuchen. Eine Hafenschänke.

Stilecht parken wir volltrunken direkt vorm Eingang, um zu signalisieren, dass wir „offiziell" gleich weiter wollen, nur damit niemand denkt, er könne unsere Reifen haben. Drinnen schlägt uns schummriges rotes Licht entgegen, gepaart mit dem wilden Geglitzer von Hirschgeweihen und Elvisbüsten an den Wänden. Das Tödliche an Szene-Kneipen ist ja, dass man sich immer viel zu uncool vorkommt, um überhaupt ein Bier zu bestellen. Zumindest ist das in Berlin häufig so. Manchmal habe ich das Gefühl, dass die Berliner Szene bestimmte Erkennungsfrisuren für bestimmte Kneipen hat. Wer das Haar an der falschen Stelle lila gefärbt hat, bekommt nur abgestandenes Bier und vielleicht noch 'n Glas Wasser, aber damit hat sich der Getränkevorrat für diesen speziellen Gast auch schon erschöpft. In Dortmund ist das glücklicherweise anders. Wer hier bekannt ist, bekommt in der Kneipe nicht nur kaltes Bier, man muss sich auch wesentlich weniger vom Wirt beleidigen lassen. Ein klein wenig natürlich schon, das gehört scheinbar dazu, also tönt auch uns ein enttäuschtes: „Oa nee, nich die schon wieder" entgegen, was uns euphorisch stimmt. Scheinbar sind wir in der Hackordnung aufgerückt, vor gut einem halben Jahr waren wir noch bei: „Was wollt ihr denn hier, ihr Pissnelken?"

Generell ist man aber auch hier um Höflichkeit und Toleranz bemüht, das weiß ich aus eigener Erfahrung, als einmal der Kopfball eines Bekannten das Bier des Wirtes traf und sein blütenfrisches Hemd in ein nicht mehr ganz so blütenfrisches verwandelte. Wer sich nun fragt, warum überhaupt jemand in der Nähe von aufgestellten Biergläsern Kopfbälle üben muss, dem sei gesagt, dass der Kopfballer 'n richtiger Rock 'n' Roller ist, so einer, der sich nicht um Regeln kümmert und eigentlich gerne Fernseher aus Fenstern schmeißen würde, was er sich aber abgewöhnen musste, seit er in der Elektroabteilung von Saturn arbeitet, weil das wäre nicht gut gewesen, wenn er da immer die teuren Fernseher durch die Gegend kaputt gemacht hätte, und vielleicht hat er deshalb an dem Tag Kopfbälle geübt, so als Ersatzhandlung wegen Entzug und so. Keine Ahnung. Seitdem jedenfalls sind Kopfbälle da nicht mehr so beliebt, aber wir sind beliebt und deshalb hängen wir uns sofort an die Theke und bestellen Schnaps, weil uns nach dem vielen Bier schon ganz übel ist und wenn einem was auf den Magen schlägt, das sagte schon mein Opa, dann soll man sich 'n Schnaps trinken, dann geht's wieder viel besser.
Irgendwie funktioniert das nicht, stellen wir nach dem vierten Kurzen fest und steigen wieder um auf Bier, weil ja angeblich Essen gut sein soll gegen Alkoholrausch wegen der ganzen Fette und so und ein Schnitzel sind ja bekanntlich sieben Bier, also wird der Umkehrschluss ja wohl auch gelten. Verdammt, sind wir betrunken. Bei drei Bier (also quasi kurz nach der Salatbeilage) kippt Rokko vom Hocker, was den Wirt zu kurzer Konversation inspiriert.

„Nehmt ihr den hinterher mit?"
„Ja."
„Gut, ich kann das nämlich nicht ab, wenn Leute ihre Sachen liegen lassen."
Danach ist wieder trinkende Stille angesagt, bis McIll versehentlich eine seiner Zigaretten in der Schnapslache vor ihm auszudrücken versucht und der Tresen Feuer fängt.
Bei mir hat sich das seit meiner Jugend irgendwie so etabliert, dass man nicht notwendigerweise DANN nach Hause geht, wenn's am schönsten ist, aber DEFINITIV dann, wenn irgendwas anfängt zu brennen. Während also Johnny Waschbär verzweifelt nach seinem Geld kramt, weil er nicht über den Tresen genagelt werden will, versuchen McIll und Ich, Rokko aufzuwecken. Als der wieder auf seinem Hocker sitzt, macht sich bei ihm Verständnislosigkeit breit.
„Ey, Rokko, wir wollen gehen."
„Warum?"
„Weil der Laden hier brennt, Rokko."
„Ach? Echt?"
Allgemein riecht die Stimmung irgendwie nach Aufbruch, das kann ich durch meine alkoholverzerrte Sicht undeutlich an den fliehenden Menschenmassen erkennen und ich meine, den Wirt von der Tür aus rufen zu hören: „Falls der Laden morgen noch steht, habt ihr alle Hausverbot auf Lebenszeit!", bevor er ins Freie flüchtet.
Lokalverbot. Verdammt. Rokko braucht auf den Schreck unbedingt noch ein Bier. Ich würd' auch noch eins nehmen, is ganz schön warm hier. Keine Bedienung weit und breit. Na toll – und der

Kühlschrank steht auch schon in Flammen, mit Selbstbedienung is also auch Essig. Als auch die Hocker anfangen zu brennen, diskutieren wir ernsthaft, ob's nicht im Seitenflügel der Kneipe angenehmer sei, aber als McIll vom Nachsehen zurückkommt und meint, dass da bereits der gesamte Fußboden brennt, entscheiden wir uns für einen Stehplatz im Barbereich. Vielleicht kommt ja aus der Flammenhölle hinten noch mal 'ne Bedienung vorbeigeschneit. Eigentlich rechnen wir sogar fest damit. Wahrscheinlich, weil wir viel zu betrunken sind. Aber zum Glück kommt niemand, was auch ganz gut ist, denn die Bar hat sich inzwischen in eine dieser berüchtigten Todesfallen ohne Ausweg verwandelt: Alle Bierdeckel brennen und wir hätten keine Möglichkeit mehr, mit dem Trinken aufzuhören, bis die Zapfanlage durch die Hitze detoniert. Obwohl, eins würd' ich noch nehmen. Irgendwann wird's uns zu doof, weil keiner mehr was zu trinken hat und auch sonst nicht so richtig Stimmung aufkommen will, was daran liegen mag, dass durch das laute Zerplatzen der Fensterscheiben keiner mehr sein eigenes Wort versteht, also schlurfen wir in Richtung Ausgang, weichen einer herabfallenden Elvisbüste etwas halbherzig aus und gehen vor die Tür.
Na toll. Alle vier Reifen abmontiert. Wie rücksichtslos. Müssen wir wohl zu Fuß nach Haus.
„Rokko, du brennst."
„Selber."
Der Abend hat definitiv seinen Tiefpunkt erreicht. Der einzige Lichtblick, der sich bietet, ist, die herannahende Feuerwehr lang genug aufzuhalten, damit der Laden bis auf die Grundmauern niederbrennt, denn dann hat sich

das mit dem Lokalverbot erledigt. Wer braucht schon eine Lieblingskneipe, in der man Lokalverbot hat? Eben. Da zeigt sich wieder dieser Pragmatismus, von dem ich vorhin geredet hab. Aber wie wir das geschafft haben, dass die Feuerwehr geduldig wartet, bis der Laden niederbrennt, und uns hinterher sogar noch für das Bundesverdienstkreuz vorschlägt, das erzähl ich ein andermal.

Denn man soll ja immer aufhören, wenn's am schönsten ist. Oder halt, wenn irgendwas Feuer fängt. Ist zumindest bei mir so.

Sieh das doch mal als Chance

Ich bin ein extrem privilegierter Mensch. Das muss ich vorweg sagen, denn ich meine, wer hat schon das Glück, sein Hobby zum Beruf machen zu können? Eigentlich sollte kein Tag vergehen, an dem ich nicht aufstehe und mir sage: „Alter. Du schreibst. Und damit verdienst du genug Geld, um dich über Wasser zu halten."

Aber dann kommst du.

Dann kommst du und sagst: „Ja, wäre super, wenn du mal kurz 600 Kilometer fahren und hier 'ne kleine Show von zwei Stunden für uns machen könntest. Das ist echt 'ne Chance. Was meinst du, wie viele Leute dich da sehen?"

Und ich sage: „Keine Ahnung. So dreißig vielleicht?"

Und du sagst dann: „Ja, siehste, is doch super. Wegen dem Geld, ach ja, pass mal auf, ich könnte dir 'ne Stadtführung anbieten."

Ja, geil. Machen wir. Ich leb dann einfach 'n Monat von Käseresten, die ich aus alten Pizzakartons in der Mülltonne nebenan kratze. Danke, vielen Dank.

Oder du sagst: „Du, wir finden das total gut, was du da machst. Aber sieh doch auch mal unseren Standpunkt. Wir müssen ja auch das Personal bezahlen, das da Bier ausschenkt. Das vergessen die meisten ja, wenn sie immer behaupten, wir müssten für so 'ne Veranstaltung nichts investieren."

Ja, nee, da haste natürlich Recht. Wie wär's, wenn du mich als Kompromiss einfach mal am Arsch leckst? Ich meine, wenn ihr weiterhin darauf besteht, mich in

Stadtführungen oder wahlweise „echt tollen Chancen“ zu bezahlen, vielleicht sollte ich das dann auch machen.
„Du hattest vier Bier und das Chili. Das macht dann 19,80, bitte.“
„Ja, du, wegen dem Geld. Sieh mal, ich bin echt ’n total cooler Typ und aufstrebender Literat. Sieh das mit dem Bier doch einfach mal als Chance. Wir machen jetzt einfach ’n paar Fotos, wie du mir das Bier gibst, und die kannste dann auf Facebook posten. ‚Kuck ma’, kannste dann sagen, ‚hier verkaufe ich dem Tobi Katze grad ’n Bier. Wie cool bin ich denn?’ – Das ist gute Presse und die ist ja viel Wert. Vielleicht kommt auch wer von der Lokalzeitung vorbei und schreibt ’n Artikel über dich – den würde ich dir dann selbstverständlich zusenden, den könntest du dann auch für deine eigenen Zwecke nutzen – ja, echt, das würde ich machen, ich weiß ja, wie schwer man das in der Gastronomie hat. Ja. Und wenn das gut läuft mit dem Bier und ich richtig schön betrunken bin, ich sag mal so, wir machen das noch ’n paar Mal, so um uns aneinander heranzutasten, und wenn wir beide dann meinen, dass das ’ne Zukunft haben könnte, dann würde ich mich durchaus auch mal bereit erklären, das eine oder andere Bier zu bezahlen. Also, nicht zu viel jetzt, denn, mal ehrlich, es gibt viele Kneipen und die würden sich die Finger ablecken, mir mal ’n Bier spendieren zu dürfen. Nur damit mal klargemacht ist, wo du hier so stehst, ne?
Das ist schon ’n Privileg. Aber: Wird noch besser. Ich hab ’n paar Freunde. Die sind extrem geschmeidig drauf. Wenn du da mal, ich weiß nich, jetzt so fünfzig Liter und ’n paar Brötchen springen lässt, ich will nicht zu viel versprechen, aber die haben ’nen Onkel – der

kann zahlen. Die würden dich mal empfehlen. Wie geil wäre das denn? Der würd' dann, vielleicht, ich kann da leider immer nur vielleicht sagen, aber der würd' dann mal kommen und 'n Bier trinken. Eins. Echt nur eins. Aber das würd' der bezahlen. Voller Preis. Keine Verarsche. Krass, oder? Also, jetzt nicht sofort – so in drei Jahren, weil, der hat echt viel zu tun, aber du hättest dann in drei Jahren – ga-ran-tiert – einen zahlenden Gast. Bis dahin … wär's halt toll, wenn du diese umsonst-Nummer noch 'n bisschen weitermachen könntest, damit die Leute, die dem Onkel dann beim Biertrinken zusehen, auch was mit deinem Namen anfangen können, is ja klar, der geht ja nu nich überall Bier trinken, Empfehlung hin oder her. Du musst da eben auch mal meinen Standpunkt verstehen. Klar, ich weiß, du kaufst das Bier von 'nem Großhändler, das muss kalt sein, du willst ja bestimmt auch Miete zahlen, aber ich würd' eben gern wissen, ob mir das Bier schmeckt. Und das kann ich aus völlig mysteriösen Gründen eben nur rausfinden, wenn's umsonst ist. Frag mich jetzt nicht, warum. Das sind ganz komplizierte Vorgänge, die für dich völlig uninteressant sind."
So. Genau das sage ich. Und dann denkst du: „Neeeee. Ich bin doch nich bescheuert. Das is doch mal derbe asozial und Abzocke allererster Güte."
Ja, genau. Isses. Und ihr Ficker wundert euch, warum Kleinkünstler immer so zynisch drauf sind.

Trilogie

Film ist die Aneinanderreihung von perfekten Momenten. Das hier sind drei davon.

I

Hallo, Mädchen!
Wir haben eine ganze Zeit zusammen auf diesem Grashügel gestanden und gefeiert, dass wir frei sind. In diesen Stunden haben wir uns angewöhnt, uns beim Vornamen zu nennen und unser handwarmes Bier gegenseitig aufzumachen. „Immer gern", haben wir beide gesagt. Inzwischen hat Regen eingesetzt. Eine Menschenmasse spült mich fort. Sie reden mit mir und klopfen auf meine Schultern. Es sind Menschen, mit denen ich nie zuvor ein Wort gewechselt habe und es wohl auch nie wieder tun werde. Was ich machen will, fragen sie mich, jetzt, wo ich so viel Zeit habe.
„Berühmt werden."
Die anderen werden Ärzte, Lehrer oder tot.
Ich sehe dich unter einem Baum stehen. Die Jack-Wolfskin-Regenjacke deines Bruders ist dir viel zu weit. Die Taschen deiner Baggies sind gefüllt mit Bierflaschen, Zigaretten, Aspirin und einem Haustürschlüssel. Ich lächle dir zu. Gerne würde ich zu dir rübergehen, aber wir beide haben keine Zeit.
Der Regen verwandelt den Grashügel in eine Landschaft aus aufgequollener Erde und feuchten Blättern, die von den Bäumen gerissen wurden. Ich sitze auf einer Holzbank und betrachte einen kleinen Flusslauf, der von warmen Tropfen aufgewühlt wird.

Du setzt dich neben mich, fernab von den wandelnden Leichen hinten auf dem Hügel. In zwölf Stunden werden sie aufwachen und sich fragen, ob sie Dinge getan haben, die sie bereuen müssten. Zwei Kinder werden an diesem Abend gezeugt.
Wir reden über die Zukunft und was wir daraus machen werden.
„Glaubst du an Traumpartner?“, frage ich.
Und du sagst: „Träum weiter!“

II

Du sagst: „Das ist der Junge, von dem ich dir erzählt habe!“
Deine Freundin nickt und lächelt mir zu. Es ist ein Donnerstagabend, die Luft in dieser Halle riecht nach Rauch und Gras. Du führst mich herum zu Leuten, denen du wahrscheinlich auch von mir erzählt hast. Ich lächle freundlich, während mir jemand ins Ohr brüllt. Ich verstehe kein Wort, die Musik ist zu laut. Du nimmst meine Hand und ziehst mich nach draußen zum Bierstand.
„Weißt du, wer das war?“, frage ich.
„Mein Ex“, sagst du. „Warum?“
Heute trägst du deine Locken offen, meine Hand um deine Hüfte fühlt sich gut an. Wir trinken eiskaltes Bier vom Fass, während das Gespräch beim Thema Freundschaft ankommt.
„Ich halte nicht viel davon. Alles Mentalität und Kult.“
Ich weiß nicht, was du damit meinst. Du verstehst nicht, warum ich berühmt werden will. Deine

Sommersprossen und die grünen Augen sind alles, was ich sehe, während ich dich küsse. Als unsere Lippen sich berühren, zwinkerst du mir zu und streichst mit einer Hand über meinen Rücken.
„Na endlich!“, sagt deine Freundin im Hintergrund.
Wir lachen beide und fühlen uns ein wenig ertappt. Dann ziehst du mich auf die Tanzfläche. Selten ist mir eine Frau so liebevoll wie du beim Tanzen auf die Füße gesprungen. Wir tauschen Adressen aus. Deine Freundin fährt uns lächelnd zu dir. Eine Stunde später schlafe ich in deinen Armen ein.

III

Es ist viele Tage her, seit wir uns das letzte Mal gesehen haben. Du betrittst den Garten meiner Eltern und statt einer Begrüßung sagst du etwas in der Art wie: „Hey, hast du ’n Aschenbecher für mich?“
Das Bier ist kellerkalt und es scheint, als wärst du nie weg gewesen, obwohl wir beide es besser wissen. So sitzen wir zu zweit an unserem Gartentisch aus weißem Kunststoff und lauschen der Musik, die unsere Nachbarn in ihrer Gartenlaube spielen. Du rauchst, während ich dir von meiner Zeit danach erzähle.
„Willst du immer noch berühmt werden?“, fragst du.
„Willst du immer noch die Welt retten?“, antworte ich.
Es tut gut, dich wiederzusehen.
Als es Abend wird, fängt die Musik an, uns zu nerven. Wir gehen ins Wohnzimmer und sehen fern. Meine Eltern freuen sich, dass du wieder bei uns bist. Später

laufen wir durch die Straßen und klauen Gartenzwerge aus den Gärten unserer meistgehassten Nachbarn.
„Du hast dich gar nicht so sehr verändert", sagst du.

Grüne Ukulelen

Wir waren unterwegs zu einem Stausee bei uns in der Gegend und eigentlich hätte ich es da schon wissen müssen, das konnte nur schief gehen. Der Stausee und ich, wir hatten eine gemeinsame Vergangenheit und vielleicht liegt es nur an mir, aber ich hätte ernsthaft drauf verzichten können. Die Sache war, ich war vor ein paar Jahren mit einigen Freunden mit dem Fahrrad und einem Fünf-Liter-Bierfass, welches man damals liebevoll „Partydöschen" zu nennen pflegte, unterwegs gewesen zu eben jenem See, und wer sich ein wenig mit Bier auskannte oder zumindest gesunden Menschenverstand besaß, hätte uns gleich sagen können, dass sich brüllende Hitze, stundenlanges Gerüttel auf dem Gepäckträger eines klapprigen Fahrrads und Bier in der Dose nicht sonderlich gut vertragen. Wir aber waren jung, kannten uns also überhaupt nicht mit Bier aus und gesunder Menschenverstand war pubertätsbedingt auch nicht sonderlich ausgeprägt und so war die Verwunderung groß, als wir in der untergehenden Sonne das Partydöschen anstachen. Ich wurde mit sechs Stichen genäht und der diensthabende Arzt bekam sich vor Lachen kaum noch ein.

Aber wie die Jahre so vergehen, verblasst die Erinnerung und man lässt sich hinreißen. Wir waren also wieder unterwegs und wir, das war die Band. Pockes Mutter hatte letztens bei einem Gewinnspiel ein Auto gewonnen, einfach so, und daraufhin hatte sie Pocke ihre alte Todesschleuder vermacht und die hatten wir randvoll gepackt mit Bier und Gitarren. Wir fuhren weg übers Wochenende in eine Jugendherberge, um da Musik zu machen, das hatten wir von den Counting Crows, welche sich Gerüchten zufolge immer in eine riesige Villa einmieteten, um neue Songs zu schreiben, und da wir gerne auch mal gefühlvolle New-Country-Balladen vor 50.000 Leuten spielen wollten, taten wir es ihnen gleich. Ich weiß. Aber damals dachten wir, das würde funktionieren.

Pocke hatte eine tragbare Kühltruhe dabei, ein elegantes Teil mit Stromanschluss, welches sich selbst herunterkühlen konnte, wie ein Kühlschrank für unterwegs. Die unverständlichen Piktogramme neben dem Stromanschluss beschlossen wir zu ignorieren, ich meine, was konnte da schon schiefgehen, Stecker rein, Bier kalt, fertig. Nachdem die Kühltruhe beladen war, packten wir die Gitarren aus und versuchten, kreativ zu sein. Jeder hatte da seinen eigenen Ansatz. Don spielte „Stairway to Heaven“. Willem drehte sich einen Joint. Ich kombinierte alle Akkorde, die ich kannte, da ich fest davon ausging, mit der Kombination von A, E und G früher oder später einen Klassiker zu komponieren, der uns alle für den Rest unseres Lebens von den Tantiemen würde leben lassen, aber Don brachte mich mit „Stairway to Heaven“ immer wieder durcheinander und so wurde da nix draus. Pocke war unser Schlagzeuger und er tat, was Schlagzeuger nun mal so tun. Er trank Bier. Willem drehte sich den zweiten Joint. Don spielte „Stairway to Heaven“. Es ist ja ein weit verbreitetes Gerücht, dass Gitarristen manchmal ziemlich anstrengend sein können, vor allem, wenn sie eine Gitarre in der Hand haben, dass sie Passagen wieder und wieder bis in die Unendlichkeit

wiederholen, nur um sich selbst spielen zu hören, dass sie die Tendenz haben, sich an einzelnen Melodien aufzuhängen und an der eigenen Fingerfertigkeit aufzugeilen, aber Don widerlegte all diese Behauptungen. Und spielte „Stairway to Heaven“. Drei Stunden später riss ihm endlich eine Saite. Vielleicht hatte der See letztendlich doch beschlossen, das Kriegsbeil zu begraben und seinen Frieden mit mir zu machen. Oder aber Dons Gitarre hatte die Ausweglosigkeit ihrer Situation erkannt und sich selbst verstümmelt, um für einige kostbare Minuten schweigen zu dürfen. So oder so, wir mussten los, da wir in all der Euphorie, welche so ein Ausflug mit der Band nun mal aufkommen ließ, schlicht vergessen hatten, einen Satz zusätzlicher Saiten mitzubringen.
Wir fielen also in die nächstgelegene Stadt ein, welche sich bei genauerem Hinsehen als Dorf entpuppte, und fragten uns durch. Zumindest war das der Plan. Wer noch nicht in die Situation gekommen ist, high auf gefühlten zwanzig Gramm Gras und ein paar Dosen warmem Bier direkt aus dem Kofferraum eines Fiat Panda das Wort „Musikalienfachhandel“ aussprechen zu müssen, kann hier nicht mitreden, aber auch als wir dazu übergingen, schlicht und einfach nach einem Gitarrenladen zu fragen, klang das für die meisten Passanten immer noch, als wollten wir ihnen ein Gespräch über dänische Heavy-Metal-Bands aufzwingen.
„Ktarrenlan! W wonn zn Ktarrenlan. Ste kaun!“
Unsere Bemühungen blieben fruchtlos. Immer noch kämpften Bier und Gras um die Vorherrschaft in unseren Köpfen und mit unserer Frustration wuchs

auch der Konsum beider Rauschmittel. Nach zwei Stunden gingen wir dazu über, in den Läden der Einkaufszeile nach einem „Ktarrenlan“ zu fragen, denn die Ladenbesitzer konnten uns wenigstens nicht vollständig ignorieren. Pocke hatte zuvor sein Glück in einem Friseursalon versucht, die rechte Faust kämpferisch in die Höhe gestreckt und umringt von älteren Damen unter Trockenhauben lauthals proklamiert: „Ktarrenlan! W wonn zn Ktarrenlan!“, aber das war nur von mäßigem Erfolg gekrönt gewesen. Die ratlosen Friseure spendierten ihm zwei Packungen Blondierungscreme und setzten ihn vor die Tür.

Ich hingegen hatte mehr Glück. Ich schrie dem Mann hinter der Theke ein fröhliches „Ktarrenlan!“ entgegen, er schenkte mir einen ratlosen Blick, legte dann all seine Verachtung in eine einzelne Geste, mit welcher er auf die neben mir aufgereihten Instrumente deutete, und wandte sich wieder dem Teil seiner Kundschaft zu, welcher sich nicht gerade das Hirn mit Drogen weichgekocht hatte.

„Ktarrenlan! Hi isn Ktarrenlan!“ Ekstase machte sich breit. „Ktarrenlan!“

Willem schwankte als erster herein und räumte mit schwungvoller Geste ein Regal voller Stimmgeräte ab. „Schlligung!“

Pocke schaffte es nicht gleich auf Anhieb durch die Tür, zweimal prallte er verwundert gegen das Schaufenster, bis er den Eingang fand, und Don stürzte hinterher, griff wahllos nach einem Instrument und versuchte sich an „Stairway to Heaven“. Nach zwei Minuten fiel ihm auf, dass er einen Bass in der Hand hatte, was auch erklärte, warum es irgendwie nicht klang wie auf dem Album. Ich für meinen Teil brauchte dringend 'ne Pause. Während der Rest meiner Band im Gitarrenladen Unfug trieb, lehnte ich mich draußen an das Schaufenster, auf welchem Pockes Gesicht einige unschöne Schlieren hinterlassen hatte, und genoss die Sonne.

„Hey. Sag mal, kennst du dich mit Gitarren aus?"

Schwarze Baggypants, aus denen Spitzenunterwäsche hervorlugte, grünes Top, hauteng, Chucks. Ne völlige Granate. Die Bändchen an ihrem Unterarm zeugten von Interesse an hervorragender Musik, ihre blonden Dreadlocks baumelten verspielt bei jedem Wort hin und her.

„Du bist der Grund meiner schlaflosen Nächte", sagte ich. „Gib mir einfach nur eine Chance und ich pflücke dir Licht und Seele jedes Sterns aus dem Universum heraus, stelle mich ganzen Armeen und Kontinenten, die sich gegen uns stemmen, halte Fluten auf, grabe in jeder Wüste nach der einen Blume, die deine Liebe ist."

Sagte ich. Oder zumindest etwas in der Art. Aber es klang leider eher wie: „Krrccghh…"

Während mich die Liebe meines Lebens also etwas entgeistert anstarrte, sprang Pocke wieder aus dem Laden hervor, erschrak souverän vor dem Sonnenlicht, schubste die Liebe meines Lebens euphorisch aus dem Weg und gegen die Fensterscheibe.

„Grüne Ukulelen, Alter. Die haben grüne Ukulelen hier!"

Ich weiß bis heute nicht, was die Liebe meines Lebens davon verstanden hat, wahrscheinlich nur zerfetztes Kauderwelsch mit viel zu wenigen Vokalen, ich weiß

nur, dass ich sie nach diesem Auftritt nie wieder sah. Im Nachhinein kann ich ihr das nicht verübeln.
Wieder in der Herberge stellten wir fest, dass jetzt zwar jeder von uns eine grüne Ukulele besaß, wir aber irgendwie vergessen hatten, neue Saiten für die Gitarre zu kaufen.
Die Kühlbox besaß übrigens zwei Modi. Einer war zum Kühlen. Der andere bewirkte das Gegenteil. Wofür man eine Kühlbox brauchen könnte, welche imstande war, ihren Inhalt knapp unter Mikrowellentemperatur zu erhitzen, hat sich mir nie erschlossen, aber das war an diesem Punkt eigentlich auch schon fast egal. Die erste Bierdose fiel mir kochend heiß aus der Hand, detonierte auf dem Boden und tauchte unser Herbergszimmer in ein beruhigendes Biergelb. Wortlos schlurften wir nach draußen zum See und genossen den Sonnenuntergang. Irgendwann nahm ich Anlauf und sprang ab, um in die erfrischende Kälte des Wassers einzutauchen. Vielleicht half das ja.
Half nicht. Ich strauchelte, verfehlte das Wasser, wenn auch nur knapp, mein Kopf traf einen Stein. Neun Stiche. Der Notarzt musste zweimal neu ansetzen, weil er sich vor Lachen endgültig nicht mehr einbekam. Die Narben habe ich behalten. Die Ukulele auch.
Mein Wille zu scheitern – ist ungebrochen.

Warum meine Steuererklärung so spät fertig geworden ist

Liebes Finanzamt,
der Monat, in dem ich unter Wasser lebte, war eigentlich ziemlich langweilig. Klar, was Evolution kann, kann nur Evolution, das sagt man ja immer, aber ich hatte aus Langeweile einfach mal auf Kiemenatmung umgestellt, ich weiß jetzt gar nicht so genau, wie das passiert ist, kennst du das auch, da machste mal was und dann weißt du hinterher nicht mehr wie. Zumal ich ja gar keine Kiemen hatte. Keine Ahnung, echt, vielleicht war ich betrunken oder so, da hat man ja immer die verrücktesten Einfälle. Ich hab dann erstmal in meiner Badewanne gelebt, aber da bekommt man ja echt wenig geschafft, ich kann im Liegen so schlecht arbeiten und so'n weiß gekacheltes Bad ist ja auch nicht hilfreich, wenn man sich 'n paar kreative Sonderausgaben ausdenken will, und da bin ich dann halt umgezogen nach unter die Oberfläche. Ich weiß gar nicht, ob man das so sagt, ich könnte auch sagen: „Ich bin dann ins Meer gezogen“, aber das klingt für mich verdächtig wie: „Wir sind dann in den Harz gezogen“, und das sagt man ja nur, wenn einem der ganze Rummel in der Großstadt zu viel wird, und bei mir war's ja eher so'n Problem mit dem Atmen, kannste dir ja vorstellen, und ich will ja nicht in den Harz ziehen, um da zu sterben, das wäre ja dumm. Außerdem musste ich ja noch meine Steuererklärung fertig machen, weißte ja, und das geht halt nicht, wenn man tot ist, weißte auch, also war der Umzug echt nur so'n logischer Schritt. Geiler Scheiß übrigens, diese Logik,

ich merk das immer wieder. Nachdenken ist übrigens voll für Checker, wollte das mal kurz am Rand als Knowledge droppen, also merke: Strukturiertes Denken ist extrem tight und bringt dir Props bei den Homies.
So, aber was ich sagen wollte. Weiß ich nich mehr. Fun Fact übrigens: Wenn man Goldhamster einlaminiert, halten die sich quasi ewig. Auch unter Wasser. Ach ja. Die Wohnsituation ist jedenfalls katastrophal da unten. Die, die in München immer die Fresse aufreißen, die sollen sich mal Kiemen wachsen lassen und sich den Meeresboden ansehen: Da bekommst du NIX. Überall zecken sich die Einsiedlerkrebse durch, diese asozialen Mietnomaden. Ich war dann auch erstmal obdachlos, war aber nich so schlimm, Wetter is ja gut unter Wasser, da kannste auch draußen schlafen, regnet ja nich. Musst du nur auf die Krebse aufpassen, sonst gehen die in die Augenhöhlen und das sieht dann kacke aus und 'ne Freundin bekommst du so nicht, wenn dir da die Krebse aus den Augenhöhlen wuchern. Frauen legen ja Wert auf ein gepflegtes Äußeres und Mietnomanden-Asi-Krebse statt Augen sind da so ziemlich das Gegenteil von. Das alles hat rein gar nichts mit meiner Steuererklärung zu tun. Ich erzähl's trotzdem.
Was ich noch generell über Wasser sagen wollte: was für ein unhandliches Stück Natur. Als Gott das Wasser erschuf, dachte er sich bestimmt auch: „Und jetzt noch mal was schön Unpraktisches zum Schluss und das klatschen wir dann überall dahin, wo uns nix richtig Dolles eingefallen ist."
Gesagt hat er das natürlich nicht. Er hat nur auf dieser Klippe gestanden, sich ne Filterlose geraucht und auf

den Ozean draufgeschaut und gesagt: „Na ja. Das passt schon. Feierabend."
Und ich steh so neben Gott und sage: „Alter!", sage ich, „Alter, das kannst du nicht bringen. Das is doch voll öde. Kann das Wasser nich noch irgendwas können? So, keine Ahnung jetzt, irgendwas Cooles halt. Dass man da draufdrückt und dann wird das 'n Roboter oder so was."
Und Gott so: „Nö."
Der Typ is eben derbe unkreativ. Irgendwie besteht so ziemlich alles, was der gemacht hat, zu 'nem Großteil aus Wasser. Das is doch Pfusch am Bau. Erde: 70% Wasser. Mensch: 90% Wasser. Wasser: 100% Wasser. Warum nich gleich Konfetti? Das is wenigstens witzig und ein kunterbunter Partyspaß für Jung und Alt. Selbstmordattentäter wäre dann ein anerkannter Beruf, dann geht das nicht mehr „BABÄMMM!" und überall is dieses klebrige Blut und Körperteile, sondern „Puff - KONFETTI!" und die Taliban sind TaliFUN und auf Kindergeburtstagen mal DERBE angesagt. Und ertrinken wäre auch nich mehr so dröge. Weißt du eigentlich, wie langweilig das ist, auf offener See ALLEINE zu ertrinken? Zu zweit, da kannste wenigstens Sachen sagen wie: „Jack, du darfst jetzt noch nicht gehen" oder „Da war irgendetwas an meinem Bein", aber alleine kommt man sich da immer doof vor, wenn man so was sagt, und wenn dann da Konfetti wäre, dann schnappt man sich einfach ein vorbeitreibendes Partyhütchen und sinkt heiter seinem qualvollen Tod entgegen, wie sich das für einen Mann von Format eben gehört.

Aber, Wasser is eben nicht Konfetti, daher langweilig. Klar, da sind Fische drin, aber mal ganz ehrlich, als Fisch im Meer leben oder Finanzbeamter werden – das ist doch Resignation. Die coolen Fische haben einfach von Kiemen- auf Lungenatmung umgestellt und sind an Land gegangen. Weil's langweilig war. Hab ich dann auch gemacht. Auch wegen der Steuererklärung. Unter Wasser kannste die nämlich gar nicht ausfüllen. Auf dem Stift stand zwar drauf „wasserfest", aber mal ganz ehrlich, wie so Vieles im Leben is auch das – einfach nur Verarsche.

740 Freunde

Ich schreibe einen Satz
Schicke ihn raus in die Welt
Und es ist ganz egal
Was der sagt
Oder nicht
Ob der stimmt
Oder nicht
Ob der klingt
Oder nicht

Und da ist kein Unterschied

„Wurzeln und Flügel, sagte Goethe“
„Schwarzwurzeln und Geflügel, sage ich“

Und beides steht jetzt da, draußen, da kann sich die Welt das mal so anschauen, diesen Satz.
Die kann sich den anschauen und 17 Freunden von mir gefällt das.
Was gefällt denen eigentlich?
Dass ich ihre Zeit mit einem dummen Wortspiel verschwendet habe?
Dass ich irgendwas schreibe?
„Schwarzwurzeln und Geflügel, sage ich“
Was gibt's da zu gefallen?
„Schwarzwurzeln und Geflügel, sage ich“
Das hat doch keine Fallhöhe.
Da haben 17 Menschen, mit denen ich angeblich befreundet bin, diese 17 Menschen haben einmal laut

„HIER“ geschrien. „NIMM MICH WAHR“, „ICH BEOBACHTE DICH“
17 ist viel.
Die meisten bekommen so 3. 5, wenn's richtig lustig ist.
Aber 17 – da bist du richtig berühmt.
Oder kontrovers.
Kontrovers zählt aber auch nicht. Kontrovers ist unfair.
Weil – kontrovers kann nich jeder.
Schwarzwurzeln und Geflügel – das ist so die Messlatte.
Das können alle.
Oder einfach nur „Penis“.
Hauptsache, was sagen.
Mach ich ja auch so.
Und immer bei ganz vielen anderen laut „HIER“ schreien. „NIMM MICH WAHR“ – „ICH BIN AUCH LUSTIG“

Und ich poste
Und poste
Meine zahllosen Posen
Und poste
Und poste
Und poste
Und poste
Bis jeder sagt
„Tolles Bild“
„Voll hübsch, das Foto“
„I like”
„Wo is'n das?”
„Voll schön, die Haare!“
„Smiley-Face!“

Und ich poste
Und poste
Meine I-Phone-Scheiße
Die mit Instagram endlich analog aussieht
Die mit Instagram endlich mal echt aussieht
Aber echt ist da schon lange nix mehr

Ich hab keine 740 Freunde
Ich hab nicht mal 7
Ich kenn nicht mal 740 Leute
Aber ich red mir das ganz gerne ein
Wenn ich in die digitale Leere schrei

Ich produziere und baue
Das, was ich gern wär
Aus diesen Einsen und Nullen
Und Einsen und Nullen
Und diese Einsen und Nullen
Sollen uns einlullen und einen
Aber ich kenn keinen
Der wirklich so is
Wie er oder sie schreibt

„Mega-Party gestern!"
Weil's ihr peinlich ist, dass sie Freitagabend zu Hause bleibt
„Überkrasser Auftritt in Köln. Derbe nice!"
Liest sich auch besser als „Hab vor 3 Leuten gespielt, von denen heute keiner mehr meinen Namen weiß."

Und so posten wir
Und posten
Damit die Videos nie aufhören
Und so posten wir
Und posten
Damit die Bilder nie aufhören
Und so posten wir
Und posten
Damit die Nachrichten nie aufhören
Und so posten wir
Und posten
Damit das Leben bloß nich aufhört
Und so posten wir
Und posten
Damit alle wissen, wie gut es grad läuft
Und so posten wir
Und posten
Damit alle wissen, wie scheiße der Tag is
Und so posten wir
Und posten
Damit alle wissen, dass wir diese Band als erster kannten
Und so posten wir
Und posten
Damit alle wissen, dass ich die Band aber sogar noch davor kannte
Und so posten wir
Und posten
Damit alle wissen, dass ich beim ersten Gig dabei war
Und so posten wir
Und posten
Damit alle wissen, dass ich früher da Bass gespielt hab

Und so posten wir
Und posten
Damit alle wissen, dass ich da aber gar nicht groß mit angeben will
Weil ich das so ganz nebenbei mal erwähne
Weil's für mich keine große Sache is
Weil's ja auch sonst ziemlich gut läuft bei mir
Auch privat

Und meine 740 Freunde beneiden mich
Und das finde ich toll
Nein – das gefällt mir
Draußen scheint die Sonne und ich sitz vorm Rechner und schreib, ich wär am See
Kann mich da bitte mal wer drum beneiden?
Kann da bitte mal wer schreiben
„Du Glücklicher, ich muss arbeiten"?
Kann da bitte mal wer „gefällt mir" klicken
Damit mein Leben im Rechner den "extremely Awesome" Stempel bekommt?
Danke

Und ich poste
Und poste
Und vergesse ganz zu leben
Und ich poste
Und poste
Und vergesse, wie das offline noch mal war

Da war doch was
Irgendwann mal
Da war mal ich

Der Briefe schrieb
Da war mal ich
Der nicht nach Aufmerksamkeit suchte
Von Leuten
Die er nicht kannte
Mit denen er nie sprach
Die nichts waren als Trophäen
Sammlerstücke
Abzeichen
Ich hab mehr als du
Also muss ich wohl 'n guter Typ sein
So einer zum Pferdestehlen
Wenn 740 Leute lesen wollen
Was mir grad so im Kopf rumgeht
Oder wollen die 740 nur
Dass ich einer von ihren 740 oder 680 oder – ganz peinlich – 240 „Freunden" bin?

Also poste ich
„Egomaschine!"
Poste ich
„740 Freunde hab ich nicht"
Poste ich
Irgendwann
Nichts mehr

Und keinem gefällt das
Und dann hallt es leer durch das digitale Dickicht
In dem wir irgendwann mal unser Leben verloren haben

Wie Torsten Sträter und ich uns wirklich kennen gelernt haben

Es ranken sich ja viele Geschichten und Legenden darum, wie Torsten Sträter und ich uns kennen gelernt haben. Gerne würde ich erzählen, dass es während eines Zwischenfalls in einem Atomkraftwerk geschah und dass der Präsident schon verzweifelt befohlen hatte, das ganze Kraftwerk und die umliegende Stadt unter einer meterhohen Schicht Beton verschwinden zu lassen, bevor ganz Amerika zu Schaden käme, und dass Torsten Sträter dann ganz zufällig da gewesen wäre und gesagt hätte: „Der Typ mit der komischen Frisur und ich, wir gehen da rein. Wir sind Profis. Wir regeln das." Wie wir beide dann mordsmäßig entschlossen in Slow Motion auf dieses Kraftwerk zugestampft wären, um uns drinnen irgendwas wahnsinnig Kluges einfallen zu lassen, was nicht funktionierte, woraufhin klar geworden wäre, dass einer von uns beiden sich würde opfern müssen, um die Kühlstäbe manuell wieder einzufahren oder um die unterbrochene Leitung in Sektor vier wieder zu verbinden, obwohl man es da aufgrund der Strahlung nie wieder lebend rausschaffen würde. Jedenfalls hätte sich daraus eine starke Männerfreundschaft entwickelt und der eine hätte den anderen dann nach tiefem Blick in den Untergang ziehen lassen, aber am Ende wäre der dann irgendwie doch aus den Trümmern wieder aufgetaucht und die Erklärung, warum er das alles überlebt hätte, die hätten wir uns einfach gespart, weil man als Mann ja nicht über alles reden muss.

Ernsthaft. Deswegen gibt's auch so wenige weibliche Actionhelden im Kino. Immer dieser Mitteilungszwang, wie sie grad wo rausgekommen sind, um dann auf die und die Art und Weise schneller oben auf dem Dach zu sein, um schon mal den Helikopter außer Gefecht zu setzen, damit der Oberböse nicht, was die Heldin aber schon wusste, und deshalb ... Man versteht, worauf ich hinaus will. Bruce Willis würde einfach in allerletzter Sekunde wild schreiend aus beliebiger Richtung ins Bild springen und jeden voll Blei pumpen, der sich erschrocken umsieht und im Film einen deutschen Namen trägt. Fertig. Weil man als Mann nicht immer über alles reden muss.

JEDENFALLS, Sträter und ich haben uns leider nicht bei besagtem Kraftwerkszwischenfall kennen gelernt. Ich glaube eher, dass das Bruce und ich durchgezogen haben, und Sträter hat das nur mal abends auf NTV gesehen und mich dann darauf angesprochen.

Die Wahrheit ist wesentlich unspektakulärer. Wie es bei mir so Brauch ist, saß ich mal wieder zur falschen Zeit am falschen Ort, nämlich in einer Lokalität namens „Subrosa". Das „Subrosa" ist eigentlich IMMER der falsche Ort, ist es doch so etwas wie ein etwas überdimensioniertes Wohnzimmer mit Ausschanklizenz und Großbildleinwand, in welchem ich in gepflegter Gesellschaft von Pferdedieben und Hütchenspielern den Feierabend zu begehen pflege. An sich schon schlimm genug, schlimmer wird es eigentlich nur, wenn man bedenkt, dass ich an jenem tragischen Abend gleich zweimal in besagter Kneipe anwesend war, nämlich einmal ganz unschuldig und allein im hinteren Bereich auf einem Sessel vor dem Bild eines röhrenden

Hirsches sitzend, und gleichzeitig vorne im Barbereich mit meinen Kumpels McIll, Rokko und Jonny Waschbär, wo wir gemütlich ein Feuer legten, um den Laden bis auf die Grundmauern niederzubrennen, der eine oder andere mag sich erinnern.

Es mag nun also etwas gewöhnungsbedürftig klingen, dass ich zweimal da war, aber immerhin ist das hier MEINE Geschichte und in der hat mir KEINER vorzuschreiben, wann ich wie oft wo existieren darf, schon gar nicht die Realität, denn die hat in meinen Geschichten eh immer einen der billigen Plätze ganz hinten, von wo aus man schlecht sieht und nur die Hälfte von dem versteht, was vorne bei mir so abgeht.

Ich war also in einer dieser klassischen Zurück-in-die-Zukunft-II-Situationen, ohne es zu wissen, mal abgesehen davon, dass ich nicht vorhatte, mit meiner eigenen Mutter rumzuknutschen oder auf einem Abschlussball Songs von Chuck Berry zu spielen. Ich bin mir meiner Verantwortung da durchaus bewusst, denn hätte ich anstelle von Marty McFly auf der Bühne gestanden, hätte ich wohl nicht nur meine eigene Existenz ausgelöscht, sondern wohl auch die musikalische Evolution um mindestens 120 Jahre zurückgeworfen.

SO allerdings bestand mein einziges Problem darin, dass sich die Kneipe gerade in einen alles verschlingenden Mahlstrom aus Flammen verwandelte, in dem ich unvorsichtigerweise einfach umkam. Das Umkommen an sich war nicht so besonders, unvorstellbare Schmerzen waren halt noch nie so meins, aber wie mein Vater schon immer sagte: „Junge. Et gibt Dinge, da musse einfach durch."

Gut, wir hatten damals wahrscheinlich eher über Liebeskummer geredet, aber der Spruch passte auch hier ganz gut. Als ich das mit dem Sterben dann hinter mir hatte, kam ich in die Hölle. Wohin auch sonst. Dabei hatte ich mir eigentlich gar nicht so viel zu Schulden kommen lassen. Gott und ich, wir hatten echt 'n guten Draht zueinander, so was Kumpelhaftes, Will Smith und Martin Lawrence Bad-Boys-2-mäßig, aber irgendwann hatte ich ihn mal bei McDonalds doof von der Seite angeranzt und danach das Universum vernichtet, was unser Verhältnis irgendwie verschlechterte. Lange Geschichte. Hier nicht relevant. Hölle jedenfalls.

War scheiße, denn Bernard Shaw hatte Recht: Die Hölle WAR voll mit Musikamateuren. Ein paar bekannte Gesichter von diversen Open-Mic-Veranstaltungen.

„Ey, Katze, auch hier? Wusste gar nicht, dass du auch Musik machst."

„Nee, bin wegen was anderem hier. Hab mal das Universum vernichtet."

„Oh. Na ja. Ich hab volltrunken ‚Nothing Compares 2 You' auf 'ner verstimmten Gitarre am Lagerfeuer vergewaltigt."

„..."

„..."

„Ich glaub, wir haben's beide verdient."

Naja. Sträter war jedenfalls auch da. Irgendwas wegen Sinatra. Wir teilten uns dieselbe Hölle, ein spärlich möbliertes Zimmer, in dem die ganze Zeit WDR 4 und Werbespots für Seitenbacher Müsli liefen. Die Frage, ob die Rundfunkstation auch hier in der Hölle oder aber an einem wesentlich schlimmeren Ort beheimatet war, vertrieb uns die ersten Jahre ganz passabel und Sträter und ich wurden zu einem richtig guten Höllengenossen-Gespann, wie man es sonst nur noch aus den alten Filmen mit Theo Lingen kennt. Wer von uns beiden nun Pepe Nietnagel war, das ließ sich nie ganz klären, aber die ganze Hölle lachte immer frenetisch mit, wenn wir dem Teufel mal wieder ein Furzkissen auf seinen Thron aus Ziegenschädeln und verdammten Seelen schmuggelten oder die Klinken an den Pforten zum Fegefeuer mit Senf und Zahnpasta beschmierten. Unbeschwerte Zeiten. Als wir dann aber dem Fürst der Finsternis nachts heimlich ein Hitlerbärtchen malten, trieben wir es zu weit. Das und die magnetischen Hufeisen an seinen Pferdefüßen brachten das Fass endgültig zum Überlaufen. Mit einem ohrenbetäubenden Schmettern fielen die Pforten der Hölle hinter uns ins Schloss und wir waren wieder draußen in der richtigen Welt, auf ewig verdammt, hier noch weitaus schlimmere Qualen zu erdulden. Der Kosmos strich uns WDR 4 ersatzlos und seither ist alles, was wir an kultureller Bildung übers Radio vermittelt bekommen, dass es Seitenbacher Müsli jetzt auch in der Vollkornvariante gibt. Hart. Doch damit nicht genug, als zusätzliche Bestrafung hat uns Belzebub auferlegt, jeden Monat auf mindestens einer Lesebühne aufzuschlagen und komplett wirres Zeug vorzulesen, das bei näherer Betrachtung überhaupt keinen Sinn ergibt. Weiß nicht, ob das schon aufgefallen ist, aber ich komm damit ganz gut klar.

Keine Ahnung, wie's bei euch aussieht. Aber da muss man wohl durch.

…für ein paar von euch…

Du sagst, dass es dir schwer falle
Die ganzen Herz.es.kapaden
Das Baden in Selbstmitleid und in Mitleidenschaft
gezogene Grenzen
Und ich habe darauf immer nur gesagt
Dass da viel zu viel Leben in mir drin sei

Und es ist nicht deine Aufgabe, daran irgendwas
zu ändern
Ich, ich schlender an den Rändern meiner eigenen
Erträglichkeit jeden Tag
Weil ich mich da auskenne
Und trotzdem im Kreis
Ich schaue jeden Tag über den verdammten Tellerrand
Weil ich die Mitte nicht finde
Ich such jeden Tag
Nach Landmarken am Wegesrand
Die ich zu Karten verbinde

Meine Geschwindigkeit ist viel zu hoch
Und die drückt mich nach außen
Draußen, außerhalb dieser Gefühlszentrifuge
Da sieht man nur Schlieren
Ich, an jedem Randort gleichzeitig
Muss von außen wie ein Kreis scheinen
Wo das Jetzt zum Immer verwischt
Und nie erwischt man mich nur zu EINEM Zeitpunkt
Ich bin immer dieser Kreis für dich
Eine geschlossene Form
Die keinen Zugang zulässt
Und zuletzt ist da vielleicht sogar was Wahres dran

Aber wenn ich das erklären soll
Bin ich der Sprachlose
Der jeden Tag um Worte Ringer Ratlose
Der so schnell treibt
Dass nichts bis auf Schattenspuren bleibt
Der immer Anfanger
Aber doch nie zum Helden-werder Handlanger
Mit verdammt langer Geschichte von Kammerflimmern
Im entscheidenden Moment
Wenn's drauf ankommt und mich irgendwas fast wieder über den Rand drängt

Und da ist nichts, was mich stoppt
Jeden Anker beim Landkartenspiel verzockt

Spürst du nicht, wie mein Herz klopft??

Ich wünsch mir nichts mehr als diesen Herz-Still-Stand
Weißt du noch, damals
Als ich meinen Rhythmus fand?
Da ging das auf und ab
Wie Wellen, die wogen
Ausbalanciert und den Kopf immer oben
Nicht zwischen den Sternen
Aber hoch genug, dass ich sie sehen konnte
Und dann kam Eins, kam Zwei, kam Drei, kam Vier
Und jetzt taumel ich hier und suche nach den Wellenkronen
Und erst da siehst du mich und denkst, dass ich immer so bin
Immer so war, immer so sein werde

Nie festgewachsen, nie zurück auf die Erde
Weil meine Füße viel zu nervös
Vorm Zufriedensein davonschweben

Ja, von wegen

Ich wünsche mir Vollkontakt mit dem Leben
Doch mit beiden Beinen springen muss doch auch sein
Und mit dem Kopf aufschlagen in den Staub rein
Reihenweise Kreise werfen
Den Aufprall spüren, dadurch weiser werden
Das wünsch ich mir
Und dir
Denn hier und jetzt sind die Gesetze der Schwerkraft verhandelbar
Ich bin wankelmütig aber wandelbar
Und so wahr ich hier stehe
Und Zeile um Zeile meine Fehler sehe
Frag ich dich noch einmal:

Spürst du nicht wie mein Herz klopft?

Wie es Schlag um Schlag um sich schlägt
Nicht versteht, was mit ihm selbst geschieht
Warum ich manchmal einfach nur traurig bin?
Warum ich nicht eine Sache, die ich tue
Ohne Zweifel tun kann?

Ich versteh das doch selber nicht!
Ich versteh doch selber nicht, warum da irgendwas in meinem Kopf klopft

Darauf hofft, irgendwo einen Makel zu finden
Einen kleinen Riss
Mit dem ich alles einreißen kann

Meinst du, ich weiß nicht, dass der Riss in mir liegt?
In meiner Mitte
Auf der ich nur balancieren kann?
Nicht ausruhen
Und wenn schon balancieren
Dann wenigstens tanzen
Zu Elektropophymnen
Die du in meinem Kopf entfachst
Ich nehm einfach deinen Takt

Und hoffe, du spürst jetzt
Wie mein Herz klopft.

Jetzt mal in echt: Wie Torsten Sträter und ich uns ganz wirklich for real kennen gelernt haben

Es war einer dieser Sommer in den 80er Jahren und ich war erstaunlicherweise auch damals schon so alt wie heute, was aber natürlich nur so ein Projektionsphänomen sein wird, wie man es aus der Psychologie oder Quantenphysik kennt. Ich war jedenfalls schon damals so alt wie heute und die Klamotten waren echt furchtbar und die Frisuren sowieso und richtige Musik war auch schon wieder aus der Mode gekommen. Eigentlich war also alles scheiße und dieser Ausspruch, man habe die 80er nicht erlebt, wenn man sich daran erinnern könne, da war was Wahres dran, denn ich machte mir bereits in den ersten zehn Minuten der 80er Jahre eine gedankliche Notiz, mir, sobald die 90er richtig anfingen, ein ordentliches Schädeltrauma zuzulegen, um diese furchtbare Epoche geschmacklicher De-Evolution möglichst Kosten sparend zu verdrängen. Vielleicht würde ich am 1. Januar einfach betrunken von einem Balkon stürzen und dann behaupten, wer sich an die 80er erinnern könne, habe sie nicht erlebt. Dann würde ich bei mir alte Falco-Platten im Regal finden und mich ernsthaft fragen, was denn so schlimm an den 80ern gewesen sei, und dann würde mir jemand ein Lied namens „Everybody's Geil" von Bruce & Bongo vorspielen und ich würde verstehen und mich selbst zu meiner Amnesie beglückwünschen, während ich mir Bruce & Bongo und ihr Scheißlied mit ein paar Flaschen Doornkaat schmerzvoll aber endgültig wieder aus dem Hirn amputierte.

So weit, so gut. Das Problem war nur, dass ich vorher noch die 80er überleben musste. Und das war gar nicht so einfach, denn die 80er zeichneten sich neben der Abwesenheit von Geschmack eben auch durch die Abwesenheit einiger Grundgesetze des Kosmos aus. Energieerhaltungssatz zum Beispiel. Gab's damals nich. Aber auch Logik war abwesend, was für mich persönlich zwar nicht so das Problem war, einem das Leben aber irgendwie schon echt zur Hölle machen konnte. Aber vielleicht kommen wir später noch dazu.

Es war jedenfalls Sommer und ich war irgendwo im Ruhrgebiet unterwegs, Zombies jagen. Denn Zombies gab's ja in den 80ern auch noch. Weltraummonster auch. Sieht man ja immer in den Filmen. Und die 80er waren auch voll von extrem scheiße aussehenden Raumschiffen mit Weltraumpiraten an Bord. Und schlechten Explosionen. Mein Gott, waren die Explosionen in den 80ern kacke.

Am allerübelsten an den 80ern waren allerdings diese ganzen hippen Teenager, die an amerikanischen Highschools alle möglichen verrückten Sachen machten und im Endeffekt immer damit davonkamen. Es sei denn, sie waren an einer dieser Schulen, an denen auch Jonny Depp sein Unwesen trieb und sich mit 25 für 16 ausgab, um als Mitglied irgendeiner obskuren Spezialeinheit der Polizei was gegen Jugendkriminalität zu tun. Logisch war das nicht unbedingt, aber dazu hab ich ja schon was gesagt. Wenn's an so 'ner Schule mal Zombies gegeben hätte, da hätte Jonny Depp aber bestimmt doof geschaut. Und dann wär ihm der Kopf abgerissen worden. Ist aber nicht passiert, denn heute ist Jonny Depp ein gut bezahlter Pirat. Die Teenager,

die allerlei verrückte Sachen anstellten, die verwandelten sich ab und an auch in Zombies oder wurden von Weltraummonstern angegriffen oder besser noch: beides. Auch bei uns im Ruhrgebiet. Das ist heute größtenteils in Vergessenheit geraten, weil damals in Deutschland die Filmindustrie noch nicht so weit war und, statt sich an der Wirklichkeit zu orientieren, eben lieber Softpornos drehte. Ich glaub, da hab ich schon mal was zu gesagt. Oder mache das später noch. Egal.
Ich war jedenfalls unterwegs in einem Landschulheim bei Hagen, welches die gierigen Bauherren entgegen der Warnungen eines alten Weissagers aus Hagen-Haspe-Ost aus purem Profitwillen unvorsichtigerweise auf einer alten Fußballerbegräbnisstätte gebaut hatten. Und wie das mit alten Begräbnisstätten von fremden Gemeinschaften wie Indianern oder Fußballern so ist, bald war die Kacke richtig am Dampfen und Hagen nicht mehr nur das Tor zum Sauerland, sondern eben auch das Tor zur Unterwelt. Wer Hagen kennt, den dürfte das nicht sonderlich überraschen. Und da ich nun in der Nähe von Hagen wohnte und mal vor Urzeiten einem Typen namens Shaggy Rogers für den Fall, dass er mal wieder ein bisschen Gras brauchte, meine Nummer gegeben hatte, rief mich eines schönen Sommermorgens eben dieser Typ an und brabbelte irgendwas davon, dass er und seine Freunde in diesem Landschulheim seien und dass es hier von Zombies nur so wimmle. Fred, Daphne, Velma und sogar Scooby Doo hätte es schon erwischt und sie seien überall und wie lange die Türen noch halten würden, wüsste er auch nicht. Bevor ich überhaupt checkte, wer da grad den Trip seines Lebens schob, fing der Typ auch noch an zu

kreischen: „Mich bekommt ihr nicht, ihr Bastarde!“, hauchte dann noch: „Sag irgendwem, dass ich ihn liebe“ ins Telefon, feuerte seinen letzten Schuss ab und die Leitung war tot.
Da an dem Tag eigentlich sonst nix mehr zu tun war und im Fernsehen eh nur Mist lief, packte ich also meine heilige Schrotflinte, die mir irgendein mexikanischer Pfarrer mal nach unserer gemeinsamen und blutigen Auseinandersetzung mit el Pollo Diablo, dem Teufelshühnchen, geschenkt hatte, und nahm die S-Bahn nach Hagen. Unterwegs erstand ich noch einen Rasenmäher zum vor die Brust binden, einen coolen Mantel und ein ganzes Päckchen damals unverbrauchter 80er-Jahre-Actionhelden-Sprüche am Kiosk und fühlte mich wie Arnold Van Damme, der gerade Chuck Norris geheiratet hatte. Kurzum: Ich war bereit.
DOCH: Schon vor den Türen des unheiligen Hauses erwartete mich das Grauen. Zwei ungesund frisierte Gestalten torkelten mir entgegen, ihr Hirn hatte sich in Haarpracht verwandelt, war nach außen gedrungen und hing ihnen nun in unappetitlich fettigen Locken in den Nacken hinein. Ihre Schnauzbärte wucherten tentakelartig aus ihrem Gesicht heraus und auch ihr nur noch rudimentär an Sprache erinnerndes Gestöhne ließ kaum einen Zweifel: Profifußballer. Oder doch Zombies?
Ich hatte nicht den Luxus, mich hier von feinen Unterschieden beirren zu lassen, und leerte mein Magazin in ihre Schädel. Frotteeschweißbänder, Oberlippenbartfragmente, Kaugummi und degenerierte Sprachzentren vermischten sich zu einem unappetitlichen Brei und die beiden gingen zu Boden.

Das Prozedere wiederholte sich im Inneren des Gebäudes, bis ich die ersten beiden Etagen erfolgreich gesäubert hatte. Dann wurde es eng. Mehr als die Hälfte meiner Actionheldensprüche war verbraucht, Munition wurde knapp und auch der Rasenmäher hatte kaum noch Benzin. Im Stockwerk über mir hörte ich immer wieder das charakteristische Scharren von Hallenschuhen, vermischt mit sinnlosem Gebrabbel und dem sirenenhaften Gesang wuchernder Schnauzbärte. Sie kamen. Und ich musste mir was einfallen lassen. Schnell.

Wie es häufig so ist in quasi ausweglosen Situationen, von irgendwoher kommt meist kurz vorm Ende noch die Rettung aus völlig unerwarteter Richtung. Bei mir kam sie aus dem Klo. Wild polternd stolperte eine kräftige Gestalt aus der Tür des Damen-WCs auf den Flur und sah sich erschrocken um, während sie immer wieder ungläubig nach draußen ins helle Tageslicht blinzelte und unkoordiniert mit den Armen ruderte.

„Wie spät ist es?“

Da ich keine Uhr trug, sagte ich das einzige, was man in solch peinlichen Situationen sagen kann, so man nicht den Fauxpas eingestehen will, gerade nicht mit der Uhrzeit aushelfen zu können.

„Zeit zu sterben, Abschaum!“

„Was?“

Meine angelegte Schrotflinte schien ihn nicht im Geringsten zu beeindrucken. Auch schien sich sein Hirn noch nicht in Haar verwandelt zu haben.

„Tschuldigung, ich hab keine Uhr um. Und jetzt fahr zurück zur Hölle, Kreatur!“

Der Typ rückte seine gestrickte Mütze zurecht. Sie verlieh ihm das Aussehen eines Hafenarbeiters, der versehentlich Abitur gemacht hatte. Dann kratzte er sich am Hinterkopf.
„Hölle ... ja. Du meinst Waltrop. Is aber prinzipiell das Selbe. Alter, hab ich ’n Schädel. Was machst du hier für’n Krach?“
Die Hallenschuhe kamen näher. Keine Zeit mehr. Ich fasste mir ein Herz. Ein verdammt sexy Mädchen zu retten, wäre mir lieber gewesen, aber zur Not tat’s eben auch ein bemützter Mittvierziger mit scheinbar unstetem Lebenswandel.
„Typ, wenn du ...“
„Sträter!“
„Katze. Angenehm. Sträter, wenn du Leben willst, komm mit mir!“
„Katze? Was’n das für’n Name?“
„Sträter, wir haben keine Zeit! Entweder du kommst jetzt mit, oder ich lass dich hier bei ...“
„Bei den Fußballern? Bloß nicht. Ich mach grad so’n Praktikum bei der Nationalmannschaft, vorher hab ich in so ’ner Videothek gejobbt, war aber auch nicht so das Wahre. Aber hier: Wenn du wüsstest, was im Trainingslager hier so abgeht ...“
„Trainingslager?“
„Ja, Trainingslager. Nationalmannschaft. Super geheim, weißt du. Was dachtest du denn? Und vor allem, was soll dieses: ‚Wenn du Leben willst, komm mit mir?‘ Ich meine, klar sind die Typen keine Augenweide, aber ...“
Ach, Kacke.
„Wenn du Leben willst, dann ... dann ... wenn du Leben willst, dann vergisst du am besten, was hier passiert ist,

und glaubst niemandem, der dir erzählt, hier habe ein Irrer die ganze Nationalmannschaft abgeschlachtet, okay? Denn ich, ich mach hier nur ... das Catering."
Sträter grinste. „Du bist einer von diesen ..."
„Ja, genau. Ich bin einer von diesen. Ich bin der schmale Grat zwischen Zivilisation und der Herrschaft der Dunkelheit. Ich bin der letzte Strohhalm, an den sich die Menschheit klammert, wenn wieder einmal die Gier über uralte Regeln des Kosmos gesiegt hat. Ich bin der einsame Typ, der nichts zu verlieren hat und deshalb eine Linie in den Sand der kosmischen Gezeiten zieht, die sagt: ‚Bis hierhin, Kreaturen der Hölle, und keinen Schritt weiter.' Derjenige, der sich nicht in sein Schicksal ergibt und einfach nur stirbt, obwohl es vielleicht einfacher wäre. Ich bin der Mahlstrom des Guten, der die Dunkelheit verschlingt und in Licht verwandelt. Ich bin DER, der wieder aufsteht und dem Bösen direkt dahin tritt, wo es weh tut: IN DIE EIER!"
„Hmm … okay."
„Und jetzt musst du dich entscheiden, Sträter. Wirst du derjenige sein, der diese Lichtgestalt des Guten, diesen Avatar der Hoffnung in den Zeiten der Apokalypse verpfeift, weil er EINEN KLEINEN FEHLER begangen hat, oder wirst du ein Mann sein, der weiß, dass dort, wo gehobelt wird, auch Späne fallen, der das Schicksal der Einzelnen nicht über das der Vielen stellt und Stellung bezieht?"
„Hmmm. Das mit dem Zombies jagen und die Welt vor der Apokalypse bewahren und so ... kann ich mir das als Praktikum anrechnen lassen?"
„Sicher. Wenn du diese Scheiße überlebst."

„Ja, prima."
Die ersten Fußballer kamen die Treppe heruntergestolpert, Panik in ihren Gesichtern.
Ich warf den Rasenmäher an.
„Verdammt, Mann, ich werde zu alt für diesen Job."
„Ich bin mindestens doppelt so alt wie du."
„Sträter, halt die Klappe und gib mir Rückendeckung."
„Aber das SIND keine Zombies. Das ist die Fußballnationalmannschaft."
„Eins nach dem anderen, Sträter. Eins nach dem anderen."

Papierfieber

Weiß zieht vorbei ganz schnell und unbeschrieben
Unbeschreiblich klein der Abstand zwischen
Der Wirklichkeit und diesen Zeilen

Das gibt ein zeilloses Durcheinander
Zeitloses Durcheinander
Haltloses Durcheinander
Grandioses Durcheinander
Durch einander erst
Geordnet und verortet
Papierfiebertraum

Reiß mich mit und in der Mitte durch
Zieh mich mit an Land
In diese Stadt aus Papier

Hier will ich Papierflieger im Papierfieber bauen
Sie zur Sonne aus Karton schicken
Auf endlos weiße Weiten blicken
Und inmitten so viel Raum für Denken und Gedanken
danken

Dann wieder landen in Buchstabenküsten
Die besten Zeilen für mich behalten
Sie nur teilen, wenn sie Teile von dir berühren
Die ich so nie erreichen kann

Will hochsteigen und ganz oben bleiben,
wo die Luft zu dünn zum Sprechen

Aber genug zum Denken ist.
Dann wieder runter, aber über
Den Boden der Tatsachen
Weil ich noch nie auf dem wandeln konnte

Denn da ist zu viel Realität mit zu wenig Abstand
Zu den Dingen, von denen ich nur gehört hab

Also schick ich Papierkrieger in die Schlacht,
um mit Worten zu ringen
Um Bilder zu malen, die kein Auge sehen kann
Um dann irgendwann auf dieses Schlachtfeld
aus Buchstaben zu blicken
Wo aus Chaos Poesie wurde,
aus wirren Worten wundersame Welt
Die sich dreht
Und das steht alles hier
Auf Papier wieder

Fliegende Süßwasserfische

„Warum schwimmen da Bananen in deinem Aquarium?"
Bernie stierte Daniela ein Loch zwischen die Augen. "Die braucht man nicht füttern. Das find ich ziemlich gut, denn mein Beschützerinstinkt ist nicht sonderlich ausgeprägt, aber Bananen sind recht tough, was das angeht."
Ich stand mit meiner ersten Freundin in meiner ersten Wohnung und beides würde nicht lange halten, so wie das grad aussah. Meine Wohnung bestand, bis auf das Aquarium, eigentlich ausschließlich aus Bierkästen. Und aus Bernie. Bernie war wohl irgendwie mein Mitbewohner, ich hatte das nicht ganz genau verstanden, er hatte irgendwann bei mir geklingelt und den Grundstein für mein Bett mitgebracht, da sagt man als armer Student ja nicht Nein, und als wir zwei Tage später endlich genug Platz für eine Matratze zusammengesoffen hatten, konnte sich Bernie nicht mehr so wirklich daran erinnern, wo ER denn nun genau wohnte, und um die Situation nicht allzu peinlich werden zu lassen, kauften wir einfach noch ein paar Kästen und tranken uns ein zweites Bett zurecht. Gut einen Monat später hatten wir uns auf Amöbenniveau heruntergesoffen, waren aber komplett eingerichtet. Und es war nicht dieser IKEA-Look, da legte Bernie viel Wert drauf, denn er hatte zu vielen Dingen einen recht eigensinnigen Standpunkt.
IKEA – das sei die Diktatur des Mittelstandes, hatte er gemeint und auf die Frage, was er damit nun genau ausdrücken wolle, lediglich geantwortet, dass er

Künstler sei und dass sich ein Künstler nicht erklären müsse, dass seine Aufgabe in Widersprüchen läge und dass, generell, Kunst betrachtet werden müsse wie zum Beispiel Japan. Auch das hatte er, sich selbst treu, keiner weiteren Erklärung gewürdigt.
Wie zu erwarten mochte meine erste Freundin Bernie nicht so wirklich, Typen wie er wirken auf Frauen ungefähr so anziehend wie ein Sack voll toter Fische und er gab sich auch nicht sonderlich große Mühe, an diesem Umstand irgendetwas zu ändern. Angefangen hatte das auf unserem ersten Date, wir saßen in meiner Küche, Kerzenschein, Sushi und etwas Bier, passte jetzt nicht unbedingt zusammen, aber wir brauchten dringend noch einen Fernsehtisch. Und dann kam Bernie hereingeschlurft, lediglich in einen farbenfrohen Bademantel in Leopardenoptik gehüllt, beugte sich zum Kühlschrank herab, wobei er meiner Freundin einige unschöne Einblicke in seine Anatomie gewährte, fischte ein Senfglas sowie eine Scheibe Salami heraus und blieb dann, ohne seinen fröhlich herumbaumelnden Penis wieder einzupacken, vor uns stehen.
„SENF!“, sagte er dann, während sein Penis hypnotisch hin und her pendelte, „SENF ist für fast alles gut! Ich kannte mal einen, der meinte, du musst dir Koks auf die Eichel schmieren, deine Alte denkt, die wird von Gott persönlich gevögelt. Ich habe das mit Senf ausprobiert und, ich sag mal, mit Senf funktioniert das nicht. Sonst geht aber alles mit Senf. Und ich meine echt ALLES, wenn ihr versteht, was ich meine.“
Bernie zwinkerte uns verschwörerisch zu und verschmierte dann stumm und in ruhigen, gleichmäßigen Bewegungen die Salami an der

Küchenwand. Es waren die längsten zweieinhalb Minuten meines Lebens.
„Viel besser. Macht den Raum fröhlich“, meinte er dann und pendelte seinen Penis zurück in sein Zimmer. Dani hatte die nächsten zwei Wochen so einen leeren, seelenlosen Blick drauf und das Wort Senf ließ sie unmerklich zusammenzucken.
Dann kam die Sache mit den Fischen. Dani hatte sie mitgebracht, da sie der Meinung war, etwas mehr intelligentes Leben würde unserer WG gut stehen. Mochte sie jetzt nicht komplett Unrecht mit haben. Bernie fand Fische scheiße.
„Die kacken nur rum und können nix. Goldhamster kannst du zwar trainieren, aber unter Wasser geben die erstaunlich schnell den Geist auf. Hypothese: Entweder sind Haustiere saumäßig doof oder sie ersticken viel zu schnell. Ich trink jetzt ’n Senfbier.“
Dani zuckte erwartungsgemäß zusammen. Ihr Blick wurde leer. Bernies Senfbierrezept war erstaunlich einfach. Senf und Bier. Die Feinheiten des Brauvorganges erläuterte er mit einem knappen, aber bestimmten: „50:50 – dann Stabmixer. Kommt gut.“
Bernies Zugang zu Lebensmitteln war – in Ermangelung eines besseren Wortes – innovativ, das musste ich ihm lassen. Dennoch schmeckte sein Senfbier schlichtweg scheiße. Aber es ging um die Ehre. Bier wird ausgetrunken. Auch so ’ne Regel, die man vielleicht mal überdenken sollte. Der zweite Schluck drückte mir die ersten Tränen aus den Augen. In meinem Magen schien irgendetwas Feuer zu fangen.

„Super", sagte Bernie, während er nach Atem rang, „Macht die Nebenhöhlen frei. Auch eins?" Das ging an Dani.
Ihr brach der Schweiß aus. „Nee, du, macht ihr mal. Ich trink Wein."
Dann blickte sie sehnsüchtig auf die Plastiktüte voller Fische vor sich. Intelligentes Leben und so. War was dran. Bernies Blick fixierte meinen. Tollkühn setzte er das Glas mit der bräunlichen Flüssigkeit zu einem weiteren Schluck an. Ein leichtes Zittern breitete sich von seinen Mundwinkeln aus. Ich fühlte mich sonderbar eins mit dem Universum.
„Nächstes Mal könnten wir auch süßen Senf nehmen. Oder gar keinen."
Oder toten Fisch, setzte ich in Gedanken dazu. Wesentlich schlimmer konnt's ja eigentlich nich werden. Dann tranken wir weiter. Irgendwann zwischen der dritten und vierten Flasche verlor ich meinen Geruchssinn. Danis leere Augen, in denen man das Matterhorn hätte parken können, verrieten mir allerdings, dass dezenter Senfgeruch durchaus nicht von der Hand zu weisen war. Sie hatte schon vor einer Weile aufgehört zu sprechen und betrieb Realitätsverweigerung, indem sie auf ihre Plastiktüte voller Fische vor sich starrte. Bei Flasche Sieben kam mir ein Gedanke. Ich versuchte, Bernies Hand über den Tisch hinweg zu greifen, aber mein Sichtfeld war bereits massiv eingeschränkt.
„In Russland, da hat sich mal einer mit 'ner Kettensäge den eigenen Kopf abgesägt, um seinen Freunden zu beweisen, dass er der Härteste von allen ist."
„Doofe Idee", meinte Bernie, „Haste ja gar nix von."

„Bernie, ich befürchte, dass wir grad auf Ähnliches zusteuern.“
Aus mir bis heute unerfindlichen Gründen nahm ich danach einen weiteren tiefen Schluck. In meinen Augäpfeln platzten einige Adern unter einem Geräusch, das mich stark an berstendes Glas erinnerte. Bald war hier Feierabend. Aber Bernie durfte nicht gewinnen.
„Noch eins!“, sagte ich also bestimmt und schlug energisch mit der Faust auf den Tisch.
„Noch eins!“, konterte Bernie und schlug ebenfalls auf den Tisch.
Zumindest hatte er das vorgehabt, aber auch seine Sicht war bereits erheblich in Mitleidenschaft gezogen worden und so traf er zwar den Tisch, ließ es sich aber nicht nehmen, auch den Beutel voll bunter Fische zu erwischen. Das Wort „Fischgewitter“ beschreibt nur unzureichend, was dann geschah. Ein farbenfroher Reigen Süßwasserfische überraschte uns. Und er überraschte uns hart. Der menschliche Körper neigt ja dazu, in Schrecksituationen etwas zu verkrampfen. Dani allerdings blieb bemerkenswert katatonisch, während Bernie und ich beschlossen, dem bunten Treiben aus Fischfetzen ein erstaunlich unansehnliches Gelb hinzuzufügen, indem wir, auch hier wieder eine auffallend unzureichende Beschreibung, detonierten. Mein Körper hat eine Neigung dazu, *wenn* er sich denn übergeben muss, auch wirklich *alles* in *einem* Durchgang zu erledigen. Die Spezialeffekte waren beeindruckend. Star Wars war ein Dreck dagegen.
Irgendwann erhob sich Dani steif, wischte zwei zappelnde Guppis und eine gute Handvoll Senfbier von ihrer Schulter, nickte mir langsam aber bestimmt zu

und verließ würdevoll sowohl mein Leben als auch unsere Küche.
„Mit neu streichen wird das nicht getan sein“, meinte ich zu Bernie.
Er stimmte mir zu. „Unsere nächste Wohnung sollte dringend einen Balkon haben.“
Am nächsten Tag brachten wir die Möbel zum Getränkehändler.

Wenn das alles ist

Ich
Am Geldautomaten
Nichts ahnend
Blicke in die Werbung der Sparda-Bank
Die einen jungen, erfolgreichen Mann im Anzug zeigt
Und darunter
Ein einfühlsamer Slogan
„Jeder Mensch hat etwas, das ihn antreibt
Zum Beispiel Französischer Weichkäse“
Französischer Weichkäse?
Sachtma, geht’s noch?
Was ist das denn für’n Antrieb?
Französischer Weichkäse
So was kauf ich mir für 1,29 im Penny
Aber ich lass das doch nicht Triebfeder meines Lebens sein
Hat der Mann im Anzug denn nichts anderes?
Vielleicht ne Frau
Oder ’n Mann
Oder Kinder
Oder Geld
Ist ja jetzt nicht völlig abwegig
Wenn mich jemand fragen würde, was mich denn so antreibt
Da würd’ ich mir aber eher ins Gesicht schießen, als „Französischer Weichkäse“ zu sagen
Französischer Weichkäse …
Wen treibt so was an?
Ey, die Menschen führen Kriege wegen Öl, Hautfarbe und Landesgrenzen

Von mir aus auch wegen politischer Konflikte
Aber bestimmt nicht wegen Käse
„Jeder Mensch hat etwas, das ihn antreibt
Zum Beispiel der unbändige Hass auf Asiaten“
Das kann man natürlich auch nicht auf ’ne Werbung schreiben
Na ja, könnte man schon
Wär’ aber Scheiße
Andererseits: Weichkäse?
Was treibt euch an?
Ich zum Beispiel will die Menschen glücklich machen
Mich treibt der Geruch der Nordsee
Dieser kleine Hügel in der Nähe vom Oster Ottrupvej
Wo ich mal ein Mädchen geküsst habe
Der Anblick von Industrieruinen im Gras
Von mir aus auch dieses Lied „Aux Champs Elysees“
Aber Weichkäse?
Nee!
Das ist doch, als würde man sagen
„Jeder Mensch hat etwas, das ihn antreibt
Zum Beispiel Salami“
Oder Fleischsalat
Pommes Currywurst
Ich meine, nehmen wir mal Helmut Schmidt
„Boah, wenn ich hier gleich aufgeraucht hab und das Interview vorbei is – erstmal ’n vernünftigen französischen Weichkäse. Da hab ich Bock auf.“
Glaubt dem doch kein Mensch
Oder Saddam Hussein
„Erstma mach ich 25 Jahre Diktatur und dann pfeif ich mir als Belohnung ’n geilen Camenbert rein!“

Liebe Sparda
Wenn Banken Weichkäse für auch nur irgendeine Form der Motivation halten
Dann wird die Bankenkrise für mich auf einmal sehr nachvollziehbar
Bei den explodierenden Milchpreisen damals war's ja kein Wunder
Dass ihr da ein Motivationsproblem hattet
Versucht's doch nächstes Mal mit was Besserem
Denn jeder Mensch hat etwas, das ihn antreibt
Zum Beispiel Lammkeule
Lecker.

…und es ist trotzdem Poesie

„Magste was trinken?"
Wie überflüssig mir dieser Satz in einer Kneipe scheint. So wie mir derzeit alles überflüssig scheint. Wenn du dir deiner eigenen Eskapaden überdrüssig bist, scheint ein Punkt erreicht, den zu erreichen sich nicht lohnt, wonach du nicht streben solltest und wohin es mich doch immer wieder fast magisch zieht.
„Magste was trinken?", also.
Warum nicht, ich bin hier, du bist hier, warum also nicht.
Trinke ich was und beschleunige den Aufstieg in unaufgeräumte Weiten des Herzens. Heute will ich in Traurigkeit baden und in ihr untergehen, sie abwesend schmecken, während ihr Aroma Lungen und Seele flutet, mich ganz ihr wie der Liebe hingeben, da man beides beherrschen muss, um vollständig zu sein.
Alles lacht, aber die Stimmung kriecht an den Tischbeinen herauf und klammert. Hellraiser fließt durch den Raum, die viel zu fette Ponyfrisur versucht, ihre Existenz am Rande von Gesellschaft mit Bier ins Glück zu spülen. Ich wünsche ihr alles Gute. Manchmal wird das Leben zu viel. Nicht unlebbar, aber zähflüssig, Gefühlszeitlupe, alles ist honigsüß und du erstickst.
Sieben Finger gleiten über sieben Smartphones und sind einsam in guter Gesellschaft, so wie all das Leben, das an den Fingern dranhängt, und die Smartphonefinger berühren fremde Leben irgendwo weit, weit weg, nur nicht hier, wo Leben um sie herum detonieren sollte.
Blindgänger.

Fehlgezündete Menschen brennen zaghaft aus, Zug um Zug, unbemerkt sogar von ihnen selbst, und wenn das nicht traurig macht, was dann?
Und ich will traurig sein und das Bier um Bier in mich hineintrinken, weil du beides können musst, um das Leben nachzuvollziehen, um genau hier zu sein, inmitten all der Liebe, damit du dich auch mal fragen kannst, wo all das manchmal hingeht, warum da manchmal ein großartiger Song Tränen hervordrückt, warum du manchmal unsichtbar, unberührbar sein willst.
Denn jeder braucht seinen Quell der Traurigkeit und meiner bist du, wie du da abgelebt in diesem Bett liegst, das nicht deines ist, und mich anlächelst, sagst, dass das schon in Ordnung sei, und Witze machst über früher. Und dann sagst du, dass da Poesie sein müsse in allem, was ich tue, denn das sei, wer und was ich wäre, und ob ich nun über Liebe schriebe oder nicht, das sei alles da, in mir, und irgendwann würde das jemand verstehen und mich sehr, sehr glücklich machen, da sei es egal, was jetzt ist. Und ich würde irgendwann verstehen, was du damit meinst. Und dann lachst du und sagst, das sei Klischee und Kitsch, aber das mache es nicht minder wahr, das hättest du jetzt verstanden.
Ich schlage dir sanft vor die Stirn und du merkst selber, was Sache ist, dann spiele ich dir mein liebstes Lied und du sagst, die Gitarre sei verstimmt, und dann „Walking on Sunshine", weil wir das hören werden, wenn du weg bist, damit wir in den schönsten Momenten an dich denken, und der Gedanke ist wunderbar und egoistisch. Du willst, dass jeder das weiß und gehen kann, bevor das mit dir verknüpft wird.

„Das müssen die selbst entscheiden, da ist kein Zwang, ich wäre nur gerne für immer gefangen in diesem Lied, weil da so viel Leben drin ist."
Wir schweigen, lachen und schweigen weiter, denn du wirst müde und ich werde müde, halte lange deine Hand, weil ich nicht weiß, was ich sonst tun soll, und es ist ein bisschen wie ein erstes Treffen, nur dass es das letzte ist. Irgendwann sagst du, du hättest noch wahnsinnig viel zu tun heute und du seiest tierisch müde, wir würden uns die Tage sehen und es sei schön gewesen.
Wir lachen, aber irgendwann bricht das alles und wir wissen, dass das das letzte Mal sein wird, aber irgendwann muss man gehen und wir wollen uns das nicht so schwer machen, du vor allem mir nicht, da draußen wartet so viel für mich und es ist okay, es muss okay sein, wenn ich die Tür hinter mir zuziehe, also machen wir das unspektakulär, ich küsse dich, schlagen ein, lächelst mir zu.
„Walk on Sunshine", sage ich und meine das, da ist keine Spur von Traurigkeit auf dir, du lächelst, lachst, nennst mich einen Vollidioten. Dann sagst du, ich solle mehr über die Liebe schreiben.

monopolar

Ich weiß jetzt, was ich hab
Und die Schönheit zu wissen
Ist allgegenwärtig
Und vermissen kann ich das nicht
Denn das bin ich und ein Teil von mir
Da ist ein Teil von mir, der viel zu schnell überall ankommt
Und dann wieder fort ist
Bevor ich überhaupt sehen kann, wohin ich laufe

Irgendetwas in meinem Kopf ist falsch verdrahtet
Und wartet darauf,
wieder mit aller Gewalt loszuschlagen
Und dann bin ich anders, dann bin ich MEHR ich
Und es geht immer aufwärts,
immer nur in eine Richtung
Bis ich zwischen den Sternen steh
und keine Luft mehr bekomm

Die Leute sagen, dass Liebe blind sei und blind macht
Aber ich bin dann nicht blind
Nur geblendet
Und früher wusste ich dann nicht mehr, was echt ist
und was nur in meinem Kopf

Denn irgendetwas in meinem Kopf ist falsch verdrahtet
Und wartet darauf, mich mit aller Gewalt zu verwirren
Dann rasen die Gedanken
und ich verliebe mich in Sekunden

Und verliere Distanz zu mir und zu allen,
mache alles auf und lasse jeden reinschauen
Weil ich hoffe, dass die Blicke allein das alles etwas
weniger machen
Da ein bisschen abtragen und woanders hinbringen
Denn in solchen Momenten könnte man aus mir noch
viel mehr Menschen bauen
Denn ich denke dann für fünf
Aber kein Gedanke bleibt lang genug stehen,
um ihn anzusehen
Die sind alle so schnell und glitschig
Mein Kopf ist dann Forellenfarm
und die Gedankenfische nur noch ’ne einzige Masse
Wo man zwar reingreifen, aber nichts rausziehen kann
Schon gar nicht das, was man will
Wäre da nur ein Gedanke,
könnte man sich den ansehen und bewundern
Aber da sind Millionen von ihnen
Und die wirbeln meine Seele auf
Könnte ich so schnell reden wie die Gedanken rasen,
dann
Könnte ich euch jedes Buch hier oben in fünf Minuten
vorlesen,
dann
Könnte ich alles sagen, was gesagt werden muss,
um die Welt in Frieden zu stürzen,
dann
Könnt ich KÖNNT ICH KÖNNT ICH
Aber ich kann nich
Weil die viel zu vielen Gedanken
jeden Gedanken blockieren
Und nur noch weißes Rauschen sind

Und dann bin ich manchmal schwierig
Weil ich vor lauter Gedanken gar nichts denken kann
Und dann bin ich manchmal zickig
Weil alles direkt bei mir ankommt,
wo es nicht hingehört
Weil ich nichts filtern und nichts sortieren kann
Und dann sind alle Teile von mir zu schnell
Ich rede zu schnell
Ich gehe zu schnell auf Menschen zu
Will zu schnell zu viel
Und bekomme dann gar nichts
Und dann trinke ich zu schnell zu viel Bier
Denn das macht die Gedanken langsam
und entschleunigt mein Herz
Und dann kann ich mir wenigstens
beim Scheitern zusehen
Und denken … einfach nur denken.

Denn irgendetwas in meinem Kopf ist falsch verdrahtet
Aber die schlechten Dinge, die hier so groß scheinen,
sind eigentlich ganz klein

Denn ich hab dann immer Gitarren in meinem Kopf
Und sie spielen dieses eine Lied von Dave Matthews
Tagelang, wochenlang,
und das macht mich nicht wahnsinnig
Weil ich längst schon wahnsinnig bin
Und da sind diese wundervollen Gedanken
Dass alles gut wird und jedes Lächeln von ihr
ist tausendmal mehr wert
Und ich bin riesig groß
und in meinem Herzen ist so viel Alles

Und ich bin nie traurig,
stehe zwischen den Sternen und ersticke nicht
Bin hyperaktiv und ansteckend
Könnte was dagegen nehmen
Aber wer würde das wollen?
Wer würde nicht
Überschwänglich leben und lieben
Schönheit in jedem und allem sehen
Den Kopf voller Wunder
Und den Geist frei haben wollen?
Ich könnte dann nicht
Im Radschlag Straßen überqueren
Mich voll und ganz fallen- und einlassen
Mit allem, was ich bin und was mich ausmacht
Versinken in Fluten aus guten Gedanken
Die mich jeden Tag aus dem Bett in die Welt ziehen
Um sie einfach zu genießen.
Weil meine Welt voller Seltsamkeiten ist
Die ich nicht erklären kann und will

Irgendwas in meinem Kopf ist falsch verdrahtet
Aber erwartet nicht, dass ich das schlimm finde
Ich bin geisteskrank, zugegeben
Aber mein Geist ist nicht krank
Sondern ein wundervoller Ort
Und was würde ich dafür geben, euch sehen zu lassen,
was ich sehe
Wenn ich in eure Gesichter schaue,
wenn ich Welten baue aus Worten
Damit ihr darin lebt
Wenn ich Sätze arrangier wie Blumen
Weil ich nicht anders kann

Weil mich so viel Schönheit um den Verstand bringt
Den ich eh nicht mehr hab
Wenn ich mich selbst auch mal zerstören muss
Um all das zu überleben
Dann ist das alles nicht schlimm
Denn da ist immer die Musik in meinem Kopf
Und sie singt von und vor Liebe
Und sie singt
Und singt
Und singt

Wie ich vom Fernsehen zum Schreiben kam und dabei vielleicht Torsten Sträter wirklich kennen lernte

Ich saß am Frühstückstisch und rührte lustlos in meinem Irish-Coffee. Früh aufstehen war nicht so mein Ding, und es war grad mal elf. Die letzte Nacht schien ziemlich kalt gewesen zu sein, das verriet mir die Katze, die mich vorwurfsvoll von meiner Veranda aus anstarrte, bevor sie umfiel und in zwei Teile zerbrach. Die Überreste verstaute ich im Eisfach meines Kühlschranks. Vielleicht ließ sich da noch was machen. Die Medizin war ja weit fortgeschritten und irgendwo in meinem Hinterkopf munkelte man, dass ich noch eine Heißklebepistole im Haus hatte. Und selbst wenn nicht, für'n Fünfer ließ sich das Ding bestimmt noch bei Ebay verramschen. „Zwei halbe Katzen in Stasis, kaum Gebrauchsspuren, Vitalstatus: ungeklärt." Dazu packte ich noch ein Bild von ihr aus glücklicheren Zeiten. „Abbildung ähnlich."
Das Telefon schellte und riss mich unsanft aus meiner Ebay-Trance. Ohne mir dessen voll bewusst zu sein, hatte ich einen halben Ikea, zehn Originalstücke der Berliner Mauer sowie Jesu Dornenkrone ersteigert. Soweit also alles wie immer. Der Typ am anderen Ende der Leitung hatte nicht so viel Spaß gehabt, dafür mindestens schon seinen 18. Kaffee und das erste BigPack Marlboros hinter sich. Es war Karsten, mein Chefredakteur.
„Hör auf, die Welt leer zu kaufen, hinterher macht noch irgendein Land dicht, weil du seine Währung destabilisiert hast."

Karsten hatte Recht. Alles, was ich bisher gekauft hatte, kam aus Belgien. Wenn alle Belgier plötzlich durch mich reich würden, hieß das Inflation und Belgien ging den Bach runter. Irgendwo war da zwar ein Denkfehler, aber da es erst elf war, entging er mir.
„Was gibt's, Karsten?“
„Drüben an der Kampstraße dreht grad einer durch. Bis vier will ich 1 Minute 30 davon auf meinem Tisch liegen haben. Und mach's bunt, verstehste. Nich so'n WDR-Tuntenballett, echte Gefühle. Wenn er einen abknallen möchte … lass ihn machen.“
Dann legte Karsten auf.

Ich goss mir noch etwas Rotwein als Starthilfe in meinen Irish-Coffee und starrte verträumt auf die tiefgefrorene Veranda. Zehn Minuten später war ich unterwegs. Duschen und Kämmen verschob ich auf Abends. Hauptsache einmal am Tag, hatte Mutter immer gesagt.
Als ich an der Kampstraße aufkreuzte, lag eine unheilvolle Stille in der Luft. Nicht direkt unheilvoll im Sinne von „Gleich läuft hier einer Amok und verwandelt den Marktplatz in ein flammendes Inferno, aus dem es kein Entkommen gibt“, sondern eher so die Richtung „Eigentlich wollte ich heute Amok laufen, aber draußen is kalt, da bleib ich lieber zu Haus und spiel 'n bisschen an mir rum, morgen is ja schließlich auch noch 'n Tag.“ Kein Mensch zu sehen. Vor allem keiner, der durchdrehte. Ganz schlecht. Ich war sauer. Wenn ich eins nich abkonnte, dann Protagonisten, die zu ihrem eigenen Amoklauf zu spät aufkreuzten.
Ich rief Karsten an.

„Is der Pisser etwa noch nicht da? Groß, Mütze, Dreitagebart. Auf eine herbe Art attraktiv. Beim Vorgespräch wirkte der eigentlich ganz zuverlässig."
„Ah. Ich seh' ihn." Dann legte ich auf.
Im Fernsehen war doch alles gestellt. Anfangs hatte mich das schockiert. Wenn man allerdings aufmerksam auch den dritten Beitrag von kabel eins sah, der sich mit dem diesmal *wirklich* allergrößten Wiener Schnitzel der Welt auseinandersetzte, und *wieder* das Fett kurz vor Fertigstellung Feuer fing oder *wieder* der Rost in der Mitte fast durchbrach oder, große Katastrophe, *WIEDER* vielleicht das Fleisch doch einen Riss abbekommen hatte, schwante einem, dass manche Probleme irgendwie gehäuft im Fernsehen auftraten, um dem Beitrag wenigstens die Parodie einer Spannungskurve zu verleihen. War doch alles Fake.

Sogar Jumbo Schreiner, der Koloss von Pro7, der eigentlich alles in sich reinstopfte, um ins Fernsehen zu kommen, war letztendlich am größten Butterberg der Weltgeschichte gescheitert. Zwar hatte Jumbo tapfer gekämpft, aber 324 Kilo Butter aß man eben nicht einfach so weg. Und als ihm vor Anstrengung und unterdrücktem Kotzreiz ein paar Adern platzten und sein linkes Auge zuschwellen ließen, hatte man das Ganze abgebrochen, die restlichen 42 Kilo Butter von einem Praktikanten aufessen lassen und hinterher alles so geschnitten, als sei der zum Zyklopen gewordene Alptraum aller Ernährungswissenschaftler siegreich aus dieser Schlacht zwischen gesundem Menschenverstand und Unterschichtenfernsehen hervorgegangen. Jumbo war danach gestorben und alles, was man danach noch von ihm sah, verdankte man ausgeklügelter Computertechnologie und extrem übergewichtigen Stuntdoubles. So'n bisschen wie bei The Crow. Nur halt dicker. Einfach gutes Fernsehen.

Wie gesagt, wer einmal hinter die Kulissen geblickt hatte, den konnte nichts mehr schocken und so schlenderte ich mit geschulterter Kamera auf den gemieteten Irren zu.

„Ey, sollst du hier gleich durchdrehen, oder was?"

„Ja, Hi. Ich bin Sträter. Eigentlich bin ich Schriftsteller, das mit dem Amoklaufen is nur so'n Nebenjob."

„Spannend."

„Geht so. Bist du der Fernsehtyp?"

Ich schielte auf die Beta auf meiner Schulter.

„Ich komm von der Zeitung, du Vogel. Dieses Zehn-Kilo-Monster schlepp ich nur mit mir rum, um bei den Ladies besser anzukommen."

„Aha. Und das funktioniert?"

„Geht so. Können wir dann?"

Der Typ rückte sein Hemd zurecht und wischte ein imaginäres Staubkorn beiseite.

„Seh ich gut aus?"

„Phantastisch. Wenn George Clooney jemals 'n übergewichtiges Stuntdouble brauchen sollte, wärst du mein Mann. Warte mal."

Mein Telefon klingelte. Karsten.

„Du, hör mal, hat sich erledigt. Wir haben hier in Wattenscheid so'n Typen, der radioaktive Kanarienvögel mit Alligatoren gekreuzt hat. Sieht 'n bisschen so aus, als würde die Menschheit in den nächsten Tagen von dieser neuen Superspezies ausgelöscht. Hab schon zwei Teams vor Ort, den Irren brauchen wir dann heute erstmal nicht mehr. Kannst Feierabend machen. Ruf dich übermorgen an, falls es uns alle dann noch gibt. Ciao."

Sträter übte derweil Durchdreh-Posen. Erinnerte mich eher an das, was Postbeamte taten, wenn ihre Frau ihnen befahl, den Tiger zu machen. Allein bei dem Gedanken, diesen Typen ins Fernsehen zu bringen, brach das feine Kartenhaus meiner Selbstachtung in sich zusammen.
„Und, wie kommt das?", fragte Sträter, dem das alles nicht im Geringsten peinlich war.
Mir hingegen war irgendwie grad alles peinlich, was ich der Menschheit in meinen Fernsehjahren so angetan hatte. „Guido Knopp präsentiert – Hitlers Wurstrezepte."
Wenn ich mich vor mir selbst retten wollte, musste ich hier einen Schlussstrich ziehen. Meinem Leben einen Sinn geben. Was anderes tun. Was Ernstes. Was mit Tiefgang. Ich ließ die Kamera sinken und blickte dem irren Schriftsteller in die Augen.
„Sag mal, Sträter."
Der Mann von der Post erstarrte in ungeheuer erotischer Pose.
„Brauchst du vielleicht noch 'n Kollegen? So beim Schreiben, meine ich ..."
Der Typ steckte sich eine an und grinste.
„Prinzipiell is das kein Problem …", sagte er. „Aber du musst dir schon bewusst sein, dass du als Autor vor allem der Wahrheit verpflichtet bist. Is nich so wie beim Fernsehen. Deine Geschichten müssen einen gewissen Grad an Realismus besitzen, verstehste?"

„Kein Problem. Bekomm ich hin!“, sagte ich.
Über uns kreisten die ersten Alligatoren.
Ich winkte ihnen lächelnd zu.

Der Papst wird 80. Höchste Zeit, mal über Gangsta Rap zu sprechen!

Manch einer mag das kaum glauben, aber ich habe viel mit Rappern gemeinsam, auch wenn einem das auf den ersten Blick vielleicht kaum auffallen mag. Dieser Trend zum Beispiel, sich das Hemd vorne in die Hose zu stecken, um cool zu wirken. Leute, so sah ich schon mit zehn Jahren aus. Warum Rapper in der Hinsicht nicht konsequent sind und sich weigern, weiterhin AMIGO-Schultornister zu tragen, ist mir ein Rätsel. Manche Dinge gehören einfach zusammen und das kann man nicht wegdiskutieren. Genauso, wie jeder gute Gangsta Rapper mal jemanden erschossen haben sollte, zumindest in Notwehr. Wie soll ich jemanden ernst nehmen, der nicht mal DAS im Leben geleistet hat?

Meine Eltern verließen sich damals darauf, dass ich alles, was ich wissen musste, von mutmaßlichen Mördern ohne nennenswerten Schulabschluss vermittelt bekam. Hätte ich auf jemanden hören sollen, der es bis zur Uni geschafft hatte, niemanden abzuknallen, hätten sie mich ja gleich aufs Gymnasium schicken können.

Kein Wunder, dass aus unserer Jugend nix wird. Die ganze Fanta4-FunHop-Scheiße. Macht doch gewalttätig, soviel Intellekt. Und von der Indie-Musik will ich gar nicht erst anfangen. Was sind denn das für Vorbilder? Worauf soll ein einigermaßen gut aussehendes Kind denn noch hoffen, wenn ihm vorgelebt wird, dass ein schmächtiger, unattraktiver

Drogenschlumpf wie Pete Doherty einfach mal losgehen und Supermodel Kate Moss nicht nur knallen, sondern auch gleich noch heiraten kann? Wofür noch morgens aufstehen, wenn alle Supermodels von irgendwelchen Knalltüten genagelt werden, bevor man selbst überhaupt die Chance hat, sich wenigstens drei Akkorde auf Papas Lagerfeuerklampfe beizubringen? Und DAS sollen Vorbilder sein? Kein Wunder, dass die Jugend schlaff und motivationslos auf den Straßen Raubüberfälle begeht.

FRÜHER, da hatten wir noch was, wofür es sich zu leben lohnte, da ging das: „Hey, was für ein wunderschöner Tag, um am Leben zu sein, und jetzt rück die Kohle raus, du Sackgesicht!“ Wohingegen man heute froh sein kann, wenn man bei einem Raubüberfall überhaupt angesehen wird. Ein schlaffes „Hmmm ... Geld?“ ist ja schon das höchste der Gefühle. Wo sollen wir denn da hinkommen, auch im internationalen Vergleich?

Talking about Anstand! Oder mal was anständig machen! Suizid, liebe Freunde, ist, und da werden viele nicht müde, es immer wieder zu betonen, die zweithäufigste Todesursache bei den Jugendlichen, gleich nach Verkehrsunfall. Wo bleiben die Todesfälle durch missglückte Einbruchsversuche oder Raubüberfälle? Unsere Jugend hat überhaupt nicht mehr den ELAN, noch irgendwen umzubringen außer sich selbst, und auch das nur etwas halbherzig. Und wenn doch, dann gibt’s wieder gleich großes Trara und jeder potentielle Amokläufer fühlt sich aufgrund des frenetischen Presserummels nicht mehr in der VERANTWORTUNG, jemanden töten zu müssen, räumt die Marilyn-Manson-Platten auf den Dachboden und hört wieder Elvis, während ihm der schwarze Lidschatten vor lauter Tränen das ganze Gesicht verschmiert, da es aus allen Boxen dröhnt: „Love me tender, love me sweet!"

Und wenn schon nicht auf Gangsta-Rap, dann könnten die Kids ja wenigstens mal auf den Papst hören, denn der hat mit den Rappern viel mehr gemein, als man vermuten mag. Ich meine, beide haben 'n guten Draht zu Gott, besprechen CDs mit ihren neusten Rhymes, ob mit oder ohne Beats, Leute, das kümmert doch keinen, denn es geht um die Botschaft. Beide stehen für eine zumindest problematische Einstellung zur Homosexualität und was das Wichtigste ist, in beiden Gemeinschaften, sowohl bei den Christen als auch bei den Gangsta-Rappern, gehört es zum guten Ton, in der Vergangenheit mal 'n paar Menschen aus Überzeugung umgebracht zu haben. Und darum geht es doch schließlich, oder?
Überzeugung.
Glaube!
Spiritualität!
Also steht auf, liebe Freunde, zurrt die Hosen weiter und rückt das diamantene Kruzifix zurecht, tragt eure Heftpflaster auf der Wange mit Würde, tragt eure Roben und lustigen Hüte mit Stolz und sagt: „Ich bin dabei. Und ich glaube. Ja, mein Glaube ist fest, so fest wie mein Gürtel, der verhindert, dass mein Hemd vorne

aus der Hose rutscht! Lasst uns gemeinsam etwas anzünden!“

Und dann gehet hin in Frieden und verbreitet das Wort in ganz Deutschland.

Doch eines noch, darüber bitte ich euch nachzudenken: Könnte Jesus einen Joint drehen, der so heftig ist, dass nicht einmal Snoop Dogg ihn rauchen könnte?

Im Namen des Vaters, des Sohnes und des heiligen Geistes:

Word – und ich bin draußen!

Erste Liebe

Du bist meine erste Liebe
Und ich verstehe keine so gut wie dich
Gibst meinen Gedanken Worte
Und wenn ich dich manchmal verliere
Dann liegt das nur am Alkohol
Der dich auf- und wegfrisst
Und dass dich andere schön finden
Da kann ich gar nicht neidisch sein
Oder eifersüchtig
Weil du die schönste bist, die ich kenne
Schöner als all die anderen
Eleganter
Und tiefer
So
Grazil verspielt
Mit Kanten da, wo es wichtig ist
Und rund, wo ich mich anschmiegen will

Mit keiner anderen habe ich so viel gespielt
Und ich bereue nichts davon
Ich hab dich mit anderen betrogen
Dich gedemütigt, geschlagen und vergewaltigt
Und du hast mir das alles verziehen
Wolltest immer mehr davon
Hast gesagt
Dass das nicht schlimm sei
Dass das dazu gehöre
Dass man einander weh tut
Aber ich hab immer nur dir wehgetan
Damit ich weiterkomme

Und du hast das alles ertragen
Und bist daran gewachsen
Ich hab dich benutzt
Und du zuckst nur mit den Schultern

Ich verstehe dich
Aber richtig verstanden hab ich dich nie
Du, das letzte Mysterium,
welches ich nie ganz lösen kann
Denn immer kurz davor kommt EIN WORT
Und ich bin wieder
Zurückgeworfen
Zurück erstaunt
Zurück verzaubert
Wieder Kleinkind und starre fasziniert auf dich
Und das, was du mit mir anstellst
Wenn es Konjunktive regnet
„Ich könnte“
„Ich würde“
Und dann Futur
„Wir werden großartig zusammen sein
Werden es allen zeigen, die an uns zweifeln“
Und zurück in die Gegenwart
„Du und ich, Baby, wir sind's!“

Und mir gehen die Zeiten aus
Aber nicht die guten, die wir miteinander haben
und hatten
Und in jedem Fall merke ich, wie komplex du bist
Ohne kompliziert zu sein

Es ist schwierig mit dir,
weil manche uns nicht verstehen
Das, was wir haben
Es ist einfach mit dir, weil mir jedes deiner Worte
So sanft in den Ohren klingelt
Dass ich gar nicht mehr aufhören mag zuzuhören
Und mit dir zu sprechen
Das ist das wundervollste Geschenk
Das mir das Leben je gegeben hat

Ohne dich bin ich ein Stein
Unbewegt und stumpf und stumm
Unfähig, auch nur einen Sinn zu ergeben
Und ich ergebe mich
Weil du großartig
Und jeden Tag neu bist.

Dieses Gedicht, das hat sich wie von selbst geschrieben
Weil ich dir all das immer schon mal sagen wollte
Aber die Worte, die fehlten mir immer

Deshalb !   müssen die reichen
Die ich jetzt find
Weil die Worte, die ich sagen will
Schon zu lang
Nicht gesagt sind

Ich liebe dich
Verdammtnochmal
Und immer wieder
Bis ans Ende
Auch wenn du niemals mir allein gehören kannst
Gehöre ich ganz dir und sonst keiner

Denn ich will nur noch mit dir reden
Nur noch dich hören!
Und die ganze Welt soll jetzt sprechen
oder für immer schweigen.

Liebste Sprache

Ich bin dein für immer.

Franz Marischka und Tobi Katze: Zum Stand der Pornographie – ein hoch filmwissenschaftliches Essay

Ich muss zugeben, es kommt mir nicht leicht über die Lippen, aber das Thema Porno hätte mich fast geschafft. Immerhin ist das Witze machen über gesellschaftlich teilweise immer noch tabuisierte Dinge ganz schön kompliziert. Weil's halt so'n Mittelding ist. Bei völligen Tabus, wie tote Menschen in 'nen Bus setzen und warten, bis sie bei 'ner Fahrkartenkontrolle unangenehm als tot auffallen, ist es ziemlich leicht, da lachen entweder alle oder keiner, je nachdem, wie drastisch man so'n Tabu bricht. Bei Pornos ist das anders. Zu toten Menschen hat jeder 'ne Meinung, aber bei Pornos werden auf einmal alle ganz still und haben noch nie einen gesehen, nur von jemandem gehört, der mal einen Freund hatte, und DESSEN Bruder hatte mal beim Zappen, damals, in den frühen 90ern, noch den Abspann dieser damals sehr beliebten deutschen Softsexfilme gesehen.

Ich kann mich auch noch genau erinnern. Ich saß irgendwann nachmittags vorm Fernseher und auf einmal sprangen in den Programmtrailern drei nackte Frauen mit riesigen, wabernden Brüsten lavalampengleich über eine grüne Wiese, vorbei an einer Kuh. Nachmittags. Der Film hieß entweder „Hurra, die Schwedinnen sind da“ oder „In der Lederhose wird gejodelt“ oder zumindest irgendwie so ähnlich. Auch heute bin ich noch völlig baff ob der Unverkrampftheit, die SAT.1 damals an den Tag legte und sich nicht im Mindesten daran zu stören schien, zur besten

Familiensendezeit Werbung für einen Sexfilm am späteren Abend zu machen. Ich denke, dass wir da wieder hin müssen, ich weiß zwar nicht wieso, würde mir aber gerne die gesellschaftlichen Auswirkungen ansehen, wenn jeden Tag barbusige Schwedinnen mit SpongeBob konkurrieren müssen und Pornos so gesellschaftlich akzeptiert werden, dass auch Größen unseres Showgeschäfts frei von schlechtem Gewissen in einer Neuauflage von „Die geilen Abenteuer von Ficki dem Fickinger" mitwirken können.
Mario Adorf zum Beispiel als alternder Gastwirt im „Ekstatischen Elch", welcher von den fickenden Fickingern heimgesucht und anschließend auf eine fröhliche Rundfahrt voller Brandschatzen und einvernehmlichem Sex mit exotischen Schönheiten mitgenommen wird. Vielleicht noch irgendeine Grande Dame in einer sprechenden Nebenrolle, Elke Heidenreich hat ja angeblich wieder viel Zeit im Moment, als Bordbibliothekarin Uschi, die von Rolf, dem unterbelichteten Fickinger mit schwerer Dyslexie, während einer stürmischen Nacht zu einer ebensolchen verführt wird. Er kann die Liebe zwar nicht schreiben, aber lehren. Und während der rechtschreibschwache Nordmann mit ausgeprägter Libido der ausgehungerten Uschi soviel Liebe beibringt, wie auf die Leinwand passt, fährt die Kamera sanft zurück und ein Beleuchter steht bewegungslos im Bild und versucht, extrem unauffällig zu wirken. Denn wenn diese wunderbaren Softpornos eines waren, dann so schlecht gemacht, dass es eine Freude war, ihnen beim filmtechnischen Scheitern zuzusehen. Natürlich würde Starregisseur Franz Marischka, kongenialer Kopf hinter Klassikern

wie „Zwei Däninnen in Lederhosen“ oder „Die Stoßburg - Wenn nachts die Keuschheitsgürtel klappern“, der würde sich da gar nicht aus der Fassung bringen lassen, wenn da mal ’n Beleuchter mit im Bild ist.

„Wenn der Take gut war und halt nur in den letzten zehn Sekunden so’n blöder Beleuchter mit Rolling-Stones-T-Shirt im Wikingerset rumsteht, na ja, also, es ist ja nicht Hollywood und gegen diese ganz glatt gebügelten Produktionen, da habe ich mich immer schon gesträubt. Wir wollen hier ja auch das Thema Film an sich, also das Medium thematisieren, denn das ist ja nicht ganz unerheblich, gerade in der heutigen Zeit und wenn wir also diese Metaebene betreten und uns als Film selbstkritisch mit dem eigenen Medium auseinandersetzen, also quasi selbstreferenziell, dann sagt das ja auch was aus und Aussage ist ja nie schlecht und da kann man eigentlich nie genug von haben. Was? Ob sich so ne ArtHaus-Scheiße mit ’nem Pornofilm über rammelnde Wikinger vereinbaren lässt? Ich erzähl dir mal was, Freundchen, bei Cousteau haben die Fische vor laufender Kamera ins Wasser gekackt, aber dem hat niemand abgesprochen, dass er große Filme gemacht hat. Und bei Riefenstahl sind auch alle nackt und schwitzen und trotzdem bewundert jeder die Ästhetik und da sagt keiner: Ach, das ist doch bloß Porno, weil die sind ja nackt. Und wenn ich eine neo-realistische Hommage an Eisenstein drehen will und die Matrosen vom Panzerkreuzer Potemkin mit den Fickingern auf meinem Schiff gleichsetze und den Kapitän als die unbändige Libido der Fickinger übersetze, die sie antreibt und peitscht, bis in den Tod

Geschlechtsverkehr zu haben, dann mache ich das verdammtnochmal auch und dann ist das gefälligst endlich mal als Kunst zu würdigen. Wer traut sich denn noch heutzutage, die inbrünstige Brutalität des Geschlechtsaktes aufzuzeigen, realistisch aufzuzeigen, gerade für den Mann, der ja nur noch als Leistungsträger ohne Gefühle wahrgenommen und skizziert wird. Mit meinem Werk ‚Die geilen Abenteuer von Ficki dem Fickinger' will ich eine Lanze brechen für all diejenigen, die von ihren Frauen nur noch als pure Sexobjekte behandelt werden, die gar nicht anders KÖNNEN, als immer zu MÜSSEN, verstehen Sie? Die Frauen sind sozusagen der Ozean, der den Mann durch starken Wellengang schwindeln lässt und gleichzeitig gefangen hält und ihn zu seinen Taten treibt. Und da ist es ja nur ein allzu nahe liegender Zug, sich mal Eisenstein zuzuwenden, der diesen Stoff ja vor fast hundert Jahren schon vorweg genommen hat, und da ein etwas aufgepepptes Remake, wie Sie sagen würden, ich sage ja Hommage, also da so ein Remake mit aktualisierten Themen zu machen, das ist doch eigentlich Pflicht eines guten Filmemachers. Sehen Sie sich die beiden Filme mal an und dann sagen Sie noch mal: Pornofilm. Mitnichten. Wenn die Fickinger in Franzls Wirtshaus ‚Zum ekstatischen Elch' einfallen und der Wirt Franzl Eichelspäher, übrigens kongenial gegeben von meinem guten Freund Mario Adorf, wenn die Fickinger dort also einfallen über diese kleine Anhöhe und die nackten Schwedinnen im Heu überraschen, sehen Sie da nicht die ironische Spiegelung der berühmten Treppenszene im Hafen von Odessa? Hier wird umgekehrt, was nicht umkehrbar ist, denn die

Schwedinnen im Heu sind ja die eigentlichen Aggressoren, die Fickinger nur Leidtragende, ich will nicht sagen Opfer der unstillbaren Lust dieser sirenenhaften Gestalten. Habe ich grad Sirenen gesagt? Sehen Sie mal, griechische Mythologie ist auch noch mit drin. Wenn das für Sie nicht Kultur ist, dann weiß ich's auch nicht!"

Ja, genau das hätte Marischka gesagt, so er denn noch Filme machen würde, in denen dann Beleuchter im Bild rumstehen könnten. Aber das sind ja nicht die einzigen. Bei manchen Pornofilmen denkt man ja auch: „Warum steht dieser Schauspieler jetzt da so unbeteiligt rum?", bis einem auffällt: „Oh, der versucht, so zu tun, als würde seine Figur nachdenken", bis dieser unrühmliche Moment von einem zweiten Organismus entschärft wird.

„Estelle, was tust du hier?"

„Ach, Claudette. Ich bin mir nicht sicher, was ich für Pierre empfinde."

„Das musst du herausfinden."

„Ja, das muss ich."

„Aber wie."

„Ja, aber wie."

„Du könntest mit Bernard schlafen, seinem blinden Halbbruder, um dir über deine Gefühle klar zu werden."

„Das habe ich schon getan. Und es hat nichts genutzt. Ich hatte auch ein erotisches Erlebnis mit Francois. Und mit Jerome. Und mit Pascal. Und mit Stéfan. Sogar mit Helmut, meinem leidenschaftlichen Cousin aus Deutschland. Aber es hat nichts genutzt."

„Dann musst du nun ein erotisches Erlebnis mit mir haben, Claudette, deiner Nachbarin und besten Freundin."
„Ja, Claudette, du bist wirklich meine Nachbarin und beste Freundin. Aber ein erotisches Erlebnis. Das wäre doch falsch. Ich bin zwar neugierig, aber auch abgeschreckt durch deine direkte Art."
„Ja, das ist natürlich. Aber nur so kannst du herausfinden, was du für Gaston empfindest."
„Pierre. Es geht um Pierre."
„Natürlich."
Das Ganze dann noch mit einem zünftigen Saxophonsolo unterlegt, fertig ist ein französischer Pornofilm. Die unterscheiden sich ja nur geringfügig von normalen französischen Filmen, habe ich das Gefühl. Immer redet irgendwer am anderen vorbei, alles ist schwarz-weiß und mindestens einmal muss jemand nackt sein und traurig schauen. Meist in einem Badezimmer. Und die betreffende Person muss auf den weißen Fliesen sitzen und bedeutungsschwanger an einem Milchkaffee nippen, während sie Sätze sagt wie: „Ich liebe dich, aber vielleicht sollten wir trotzdem zusammen bleiben." Das dann natürlich ohne Saxophonsolo, das würde ja auch nicht passen. Vielleicht könnte jemand derweil einen sedierten Igel in ein Klavier setzen und über die Saiten tapsen lassen. Der Sound passt ganz gut. So zerbrechlich, so fragil. So anders. So französisch. Und nur damit keine Verwirrung aufkommt: Ich habe vorhin was wegen Schwarz-Weiß gesagt, die französischen Pornos sind nicht so. Da dominieren Pastelltöne in Kombination mit Weichzeichner. Schwarz-weiß sind nur

ernstzunehmende französische Filme, denn Schwarz-Weiß ist seit jeher als Gütesiegel für anspruchsvolle Kunst bekannt. Merkt euch das, Filmemacher! Wenn die Story konfus ist, immer in Schwarz-Weiß drehen. Dann denken die Leute: Ah, das ist Kunst, das muss so. Um noch einmal ein imaginäres Zitat meines persönlichen Helden Franz Marischka zu bemühen: „Natürlich Schwarz-Weiß. Das ist seit jeher als Gütesiegel für anspruchsvolle Kunst bekannt. Nehmen Sie mal meinen letzten Film ‚Im Samen des Gesetzes'. Das ist sowieso das, was mich ungemein stört. Nie sagen die Menschen den ganzen Titel. Und der Film hat ja nicht umsonst einen Titel, den sollte man dann auch ganz nennen. Wenn ein Film ‚Im Samen des Gesetzes, ein Erotikthriller mit Musicaleinlagen für Anwälte und gehobenes Publikum' heißt, dann sollte man auch ‚Im Samen des Gesetzes, ein Erotikthriller mit Musicaleinlagen für Rechtsanwälte und gehobenes Publikum' sagen, finde ich, und eben nicht nur ‚Im Samen des Gesetzes'. Das verfälscht die Aussage ja komplett. Das wäre ja so, als würde ich in der Szene, in der der Klempner kommt, um ein Rohr zu verlegen, da aufhören, wo er wieder von der Hausherrin heruntersteigt und den ganzen Teil über existenzielle Ängste im Klempnergewerbe komplett auslassen, wobei gerade das ja nun wirklich eine Schlüsselszene ist, wie man bei uns so sagt. Denn gerade hier offenbart sich ja der Konflikt mit Hermann dem Hausmeister, dessen Bruder Johann ja nicht nur der Anwalt von Klempner Heinz, sondern auch dessen größter Widersacher im Bezug auf Marleen ist, die, wie wir alle wissen, ja letztendlich über das Schicksal der Klempnerei

Maslinski zu entscheiden hat. Da könnte ich ja auch direkt zum Song ‚Ein Rohr verlegt sich nicht von selbst, Herr Anwalt' springen, ein Ohrwurm übrigens, der in der treuen Anhängerschaft des Films längst nur noch ‚Das Penisduett' genannt wird. Sehen Sie, Schwarz-Weiß war also schon eine bewusste Entscheidung, denn gerade durch den Raub der Farben will ich zwei Dinge kommunizieren, einmal die Tristesse, das Öde, profan gesagt: die Eintönigkeit der Situation, zum anderen aber auch sinnbildlich den Sinnesverlust beim Orgasmus an sich. Sie kennen das sicherlich auch, es wird ja auch häufig beschrieben, dass da die Sinneswahrnehmung deutlich eingeschränkt wird. Ich habe auch einen Rohschnitt komplett ohne Bilder anfertigen lassen, um das auf die Spitze zu treiben, aber so ein Erotikthriller ohne Bild, das kam beim Publikum nicht gut an, denn, ich sage mal, der Pöbel, der nur für die Titten ins Kino geht, der will ja auch was zu gucken haben, nicht? Eben."

Danke, Franz Marischka. Was wissen wir also bisher? Französische Pornos sind unglaublich französisch und deutsche Pornos unglaublich schlecht. Filmemacher, die deutsche Pornos nach französischen Maßstäben drehen, sollten ihre Berufsethik mal strikt überdenken und vielleicht doch lieber was Anständiges machen, Arthouse-Filme mit Björk zum Beispiel. Oder Makramee-Eulen. Halt Dinge, die keinem wehtun.

Dabei hatte bei Marischka alles so gut angefangen. Keine sinnentleerten Dialoge, kein französisches Getue. Glasklare Figuren mit eindeutiger Motivation. Ficken. Dialogbeispiel? Gerne. Wie zum Beispiel dieses hier aus „Das verrückte Strandhotel":

„Könnte ich mal Ihre Muschi sehen?“
„Gern, wenn Sie solange mal die Katze halten.“
In zwei einfachen Sätzen ist die Situation geklärt, die Bühne bereitet. Saubere Dialogarbeit. Noch mehr Beispiele? Gerne:
„Bist du für den Tanz noch frei?“
„Ja …“
„Gut, dann halt mal mein Bier.“
„Natürlich“, sagt Marischka, „damals war ich Freund von klaren Strukturen. Abhängigkeit von Beziehungen monokausal darzustellen, war halt irgendwie ‚in' damals. Aber ich bin darüber hinaus. Wir leben doch in einer wesentlich komplexeren Welt heutzutage. Da geht es eben nicht mehr Bumm Bumm Bumm und dann wird gevögelt. Heute musst du dem Zuschauer schon etwas bieten. Wie zum Beispiel bei ‚Die unreinen Gedanken des Herbert S.' Da habe ich ganz bewusst auf eine nachvollziehbare Handlung verzichtet, um den Zuschauer aktiv in diesen Sog aus sexueller Frustration in Orten wie Bad Salzuflen einzubeziehen. Man weiß nicht, wie einem geschieht, alles ist Rausch aus Farben und Fleisch und ab und an schaut halt der Pizzabote vorbei, um sich ordentlich von drei Studentinnen flachlegen zu lassen. Natürlich ist das eine ironische Brechung, nicht dass wir uns falsch verstehen, und gerade darin sehe ich die Stärke des Films. So was wie ‚Zum Gasthof der spritzigen Mädchen', das wäre heute gar nicht mehr machbar. Immer diese bayrischen Gasthöfe, in denen sich die paarungswilligen Touristinnen tummeln, um von bayrischen Buam vernascht zu werden, das geht doch heute völlig an der Lebenswelt vieler Pornokonsumenten vorbei, denn

diese Gasthöfe, die sind alle längst dicht gemacht worden, und wer noch so eine ‚Rammelhüttn', wie sie damals im Volksmund genannt wurden, persönlich und in der Hochzeit besucht hat, der ist doch inzwischen längst auf dem absteigenden Ast, was die Sexualität angeht. Wir brauchen also einen neuen Porno für den Konsumenten von heute, gesellschaftskritisch, nicht nur pure Fleischbeschau. Fassbinder zum Beispiel, der hätte bestimmt hervorragende Pornos gedreht. Angst essen Penis auf, verstehen Sie? Autorenporno – Das sollte das Schlagwort der Revolution sein."

Soweit also unser Freund Marischka. Aber Autorenporno? Wer kann sich da schon etwas drunter vorstellen? Wie kann so etwas aussehen? Als Grundgerüst mag uns erst einmal eine gesunde Mischung aus Surrealismus, Nouvelle Vague und YouTube dienen. Ein Mann in seinen Dreißigern fährt auf einem Fahrrad, die Kamera (schwarz-weiß) begleitet ihn circa zehn Minuten lang. Der Mann spricht über seinen letzten Urlaub in der Schweiz und die gesundheitlichen Probleme seiner Hausschildkröte Bobby. Währenddessen raucht er knappe anderthalb Schachteln Zigaretten. Dann wird er unerwartet von einem Auto überfahren. Die Kamera verweilt weitere zwanzig Minuten auf dem toten Körper des Mannes, ab und an werden invertierte Bilder des zertrümmerten Fahrrades eingeschnitten. Plötzlich springt der Mann auf, erschießt den Kameramann, sackt dann endgültig tot zu Boden. Schnitt in ein dunkles Appartement, kurze Einblendung: „Paris, 20 Jahre zuvor". Zwei schemenhafte Gestalten sitzen Rücken an Rücken, schweigend. Während der folgenden 15 Minuten hören

wir spanische Bahnhofsdurchsagen, während die Kamera langsam auf ein unwichtiges Detail links oben im Bild zoomt. Dann ein Dialog:
„Warum ziehst du eigentlich zwei Konzertflügel mit toten Eseln darin umher?“
„Und warum krabbeln da Ameisen aus deiner Hand?“
„Hmm, dann blas mir doch einen.“
Fertig. Abspann rollt, Film vorbei. Die Erotik entsteht eben im Kopf. Würde ich sofort auf DVD kaufen. Natürlich gegeben den Fall, Elke Heidenreich und Mario Adorf spielen mit. Ich schau mir ja nicht jeden Dreck an.

Hey Kids

Hey Kids!
Da drüben hängt ein Plakat von dem Typen, der Kunst aus Leichen macht
Und da frag ich mich natürlich
Ist jetzt jede Leiche Kunst?
Und wenn ich mich mit meiner Freundin beim Ficken aus dem dreizehnten Stock auf den Bürgersteig stürze
Sind wir dann eine Installation? Oder einfach nur tot und dämlich?
Werden wir Preise gewinnen, weil wir den Menschen zeigen, wie sie von innen aussehen
Oder muss erst noch jemand daherkommen und uns die Haut abziehen
Bevor unser Tod als Kunst gewürdigt werden darf?
Und wenn Tod dann Kunst ist
Was können Worte dann noch bewirken
Bei euch, bei mir oder bei allen anderen?
Worte wandern ab ins Bedeutungslose, wenn Leichen Kunst sind
Und ich frage mich: Warum sind meine Texte so lang
Weil ich mit jeder Silbe gegen all das anzukämpfen versuche, was mir sinnlos scheint
Warum sind meine Texte so lang – weil ich Wortspiele gern auch zweimal verwende
So lang, weil ich denke, dass, wenn Leichen Kunst und Politik nur Verarsche ist, mehr Worte hermüssen, die sich aneinanderreihen
Wie eine Armee und gemeinsam aufschreien
Wenn wir wählen sollen zwischen
Einer Frau ohne Profil

Und einem Mann mit weißen Haaren, der seine Finger in viel zu vielen Töpfen hat
Wenn wir regiert werden von Menschen, die unreflektiert
Worte wie „Killerspiele" in den Mund nehmen und sie für alles verantwortlich machen
Obwohl sie nie eines gespielt haben, dafür aber Kinderpornografie runterladen, um sich mal darüber zu informieren
Von Menschen, die das Internet zensieren wollen, damit man Kinderpornos nicht mehr sieht, denn was man nicht sieht, das ist ja auch nicht da
Von Piraten, die das Urheberrecht kippen wollen
Damit jeder Depp jedes Lied in seinem bedeutungslosen Scheißvideo auf YouTube verwenden kann, ohne dass der Künstler auch nur einen Cent sieht
Wenn man Konzerne an die Wand fahren und dafür Millionen als Abfindung kassieren kann
Gleichzeitig aber gefeuert wird, wenn man einen Pfandbon für 1 Euro 73 verklüngelt
Wenn wir Friedenstruppen nach Afghanistan schicken
Während vor der eigenen Haustür Abiturienten Schulen anzünden, nur um mal ein paar Leute sterben zu sehen

Und wenn alles, was uns dazu einfällt, ein Protest- und Gedenkgottesdienst ist
dann läuft doch irgendwas falsch
Auf der ganzen Welt gibt's gar nicht so viel zu fressen wie ich kotzen möchte
Also schreib ich das alles auf
Weil ich drauf und dran bin
Mich und das alles zu vergessen

Damit ich endlich wieder lustig schreiben kann
Damit alle lachen und sich freuen und gehäutete Leichen ansehen, die Kunst sind.

Ohne Schreiben is auch langweilig

„In Wahrheit ist das alles gelogen. Ich bin gar kein Schriftsteller“, sagte ich zu ihr.
Meine Freundin sah mich aus ihren großen Rehaugen verwundert an. Dann zerfiel sie unmotiviert in Einzelteile. Typisch. Sie war schon immer sehr konfliktscheu gewesen. Da machste nix. Ich besitze kein Kehrblech. Das fällt mir in diesen Situationen immer unangenehm auf.
Also raus in die Stadt, sonst kannste ja nie wieder Freunde zu dir einladen. Wie sieht denn das aus? „Oh, du, da liegt noch deine Freundin. Willste die nich ma' langsam wegmachen?“
Oder wenn du 'ne neue Frau mit nach Hause bringst. Entweder hängst du immer noch an ihr oder du bist einfach unordentlich. So oder so: Sex kannste dir dann für den Abend haken. „Nee, du, also in dieser Unordnung? Nee, das ist für mich ja voll der Dealbreaker.“
Das Wort Dealbreaker ist ja für mich auch so voll der Dealbreaker.
Also - Kehrblech!
Ich raus auf die Straße und da kennt man mich. Habe mir in meiner Gegend einen Ruf als Straßendermatologe gemacht. Lässt sich erstaunlich wenig Geld mit verdienen. Keine Ahnung, warum ich das damals für 'ne gute Idee hielt. Vielleicht lag's daran, dass ich zu der Zeit keine Freundin hatte und dringend 'n bisschen Körperkontakt brauchte. Bin nicht so der Nachdenker, merkt man vielleicht. Immerhin: Man respektiert mich. Herr Doktor und so. Besser als Schriftsteller. Da

schleppt man ja weitaus weniger Frauen mit ab, als man so denkt. Also: gar keine.
Ich brauche erstmal einen Kaffee, denn meine alte Freundin ist ja kaputtgegangen und in Cafés kann man 1a Frauen abschleppen. Das hat mir mein Kumpel Bernie mal erzählt und der muss es wissen. Warum der das wissen muss, sag ich jetzt nicht. Das ist ein Geheimnis. Frauen stehen auf mysteriöse Männer. Sagt Bernie. Und der muss das wissen. Warum, sag ich jetzt auch nicht. Das macht uns beide super mysteriös. Und da stehen die Frauen drauf.
Ich zücke also mein schwarzes Notizbuch, das ist ja so was wie der internationale Schriftstellerausweis und ernte bewundernde Blicke von der restlichen Kundschaft, welche sich durch ihre MacBooks formal korrekt als Designer oder Vollidioten ohne Job ausweist. Aber ich bin ja kein Schriftsteller, also male ich in das schwarze Notizbuch immer nur Bilder von Frauen mit grotesk großen Brüsten. Anatomie ist ja nicht so meins, aber Brüste kann ich. Als ich Filterkaffee bestelle, geht ein Raunen durch die Runde. Filterkaffee trinken. Das sei ja wie früh aufstehen. Irgendjemand lacht affektiert. Wenn ich jetzt Schriftsteller wäre, würde ich da unglaubliche Beleidigungen rüberwachsen lassen, ich würde erst seine kulturelle Identität und dann seine Photoshopskills anzweifeln, bevor ich ihm mit der Behauptung, sein Blog wäre ja generell eher wenig lesenswert, den Rest gäbe. Aber ich bin ja kein Schriftsteller, ich male in das Notizbuch immer nur diese krakeligen Strichmännchen mit grotesk großer Oberweite, also sage ich „Doofmann“, schlage ihm mit seinem verschissenen MacBookPro ’ne Zahnreihe aus und bestelle

anschließend seelenruhig ein Stück Brombeertorte, um die Situation für alle Anwesenden ein wenig surreal zu gestalten. Funktioniert.
Dann zum Saturn. Ich kaufe nämlich alles bei Saturn. Sogar Lebertransplantate haben die da. Wenn die Krankenkasse mal wieder 'n Spendablen hat, nehme ich mir immer so'n Lebertransplantat mit und mache zuhause Leberwurst draus. Klar ist das menschenverachtend, aber außer mir kauft ja keiner seine Ersatzorgane beim Saturn und bevor da was schlecht wird, bin ich lieber menschenverachtend und hab dafür immer gute Wurst im Haus. Wenn ich Schriftsteller wäre, würde ich diese Einstellung für bedenklich halten, aber ich bin ja kein Schriftsteller, ich bin beim Saturn, um da ein Kehrblech zu kaufen.
„Hallo, Du. Meine Freundin ist kaputt gegangen, weil ich kein Schriftsteller bin, und da brauch' ich jetzt dringend ein Kehrblech. Ich weiß, in einer perfekten Welt dürfte dieser Satz keinen Sinn ergeben, aber perfekte Welten finde ich langweilig, weil da alle glücklich sind und ihnen dann langweilig wird und dann bringen sich alle aus Langeweile um und dann ist das doppelt langweilig, weil dann ja keiner mehr da ist, mit dem man Bier trinken kann, und alleine Bier trinken macht depressiv und das ist doof, weil dann keiner da ist, den man mit seiner konstant schlechten Laune nerven kann, und das wäre dann dreifach langweilig und deswegen darf keiner in der perfekten Welt leben und glücklich sein, weil ich das ätzend finde."
„Kehrblech is aus."
Wir stehen da rum, der Verkäufer und ich, als hätten wir beide grad sehr schlechten Sex miteinander gehabt,

so ein bisschen schüchtern und peinlich berührt, dann fällt ihm endlich sein linker Arm ab. Darüber müssen wir beide sehr lachen. Das sei ihm jetzt aber furchtbar peinlich, das sei wirklich noch nie vorgekommen, es täte ihm leid und vor lauter Peinlichkeit fällt ihm dann auch noch sein rechter Arm ab und dann steht er lachend da ohne Arme und lacht einfach nur und weiß nicht, wohin mit sich und er schiebt die Arme verstohlen unter ein CD-Regal und fragt mich, ob er mich stattdessen vielleicht für eine Waschmaschine begeistern könne. Wenn ich was in den Armen hätte (haha, Augenzwinkern), könnte ich die auch benutzen, um damit Dreck in der Wohnung zusammenzuschieben, das sei also wie ein Kehrblech, nur eben besser und ’n bisschen schwerer und Gewicht sei ja immer auch ein Zeichen der Wertigkeit und bevor ihm jetzt auch noch Kopf und Beine ausfallen, denke ich: „Komm, kaufste die Waschmaschine.“
Und DAS sind deren Tricks. Willste ’n Kehrblech, kriegste ’ne Waschmaschine.
Ich trag das Ding also nach Hause, und was soll ich sagen? Funktioniert nicht. Das Teil is so rattenschwer, da brauche ich ja Tage, um meine Küche zu fegen. Manchmal denke ich, dass die Realität irgendwie überhaupt gar keinen Sinn mehr ergibt.
Wär ich ma’ Schriftsteller. Dann würde ich Geschichten auf meinem Macbook tippen und die meiner Putzfrau vorlesen, bis sie auseinanderfällt. Das wäre skurril. Würde aber auch einiges einfacher machen. Was, das verrate ich nicht. Das macht mich mysteriös. Und da stehen die Frauen drauf.

Trauriger Mann mit Hammer

„Sie wollen also ausziehen?“, fragt mein Vermieter am Telefon, und da ich fürchte, dass das Gespräch ab hier reizarm werden könnte, sage ich: „Ja, irgendwer hat dem BND meine Adresse zugespielt, immer die gleiche Leier, sie kennen das ja.“ Dann schweigen wir beide kurz.

„Sie haben Probleme mit dem Bundesnachrichtendienst?“

Die einzige Regel beim sogenannten BND-Spiel lautet, dass man sofort leugnen muss, irgendetwas über den BND gesagt zu haben. Es ist ein sehr einfaches Spiel, zugegeben, steigert aber den Unterhaltungswert eines Gespräches ungemein.

„Nein. Nein. Ich brauche einfach mal einen Tapetenwechsel“, leugne ich also. „Das ist für Künstler enorm wichtig. Vor allem, weil wir die Tendenz haben, unsere Wohnungen sehr … *intensiv* zu bewohnen.“

Dann lasse ich mich dazu hinreißen, mit meinem Vermieter einen Termin für eine dieser ominösen „Wohnungsübergaben“ zu vereinbaren. Ginge es nach mir – ich hätte die Bude ja einfach abgefackelt, das hätte uns beiden ’ne Menge peinlicher Momente erspart, aber Vermieter sind da recht pingelig.

Und dann klingelt es auch schon an der Tür. Erstaunlich, wie schnell drei Monate rumgehen können, wenn man mal kurz den Fernseher einschaltet. Immerhin weiß ich jetzt dank N24 echt alles über Hitler. War kein guter Typ, so ganz grob zusammengefasst. Bevor ich aber auch nur ein Wort über den größten Massenmörder aller Zeiten verlieren

kann, wabert mein Vermieter wie blassrosa Pudding durch die Tür und reckt mir einen amorphen Tentakel zur Begrüßung entgegen. Ich greife in das formlose Fleisch und muss ein bisschen tasten, bevor ich die Hand finde. Oder etwas Handähnliches. Ich kenne mich mit außerirdischen Lebensformen nicht so wahnsinnig gut aus, aber da wir beide auf Kohlenstoff basieren und lächeln, denke ich: ‚Wird schon alles richtig sein, jetzt nur keine hastigen Bewegungen, sonst verschreckst du es und dann saugt dich dieses Vieh durch irgendeinen Rüssel ins Körperinnere, um dich gemächlich über die nächsten Wochen zu verdauen, während es deine Wohnung weitervermietet.'
Mir wird auch klar, warum das mit dem Mietvertrag damals alles über den Makler geregelt wurde, da war mein Vermieter noch unterwegs zur Erde, aus irgendeiner fremden Galaxie angereist, um hier dick im Wohnungsmarkt einzusteigen, da schickst du erstmal deine Lakaien vor, aber wahrscheinlich hat er den Makler jetzt auch schon gefressen, weil der Wohnungen an Typen wie mich vergeben hat und eben nicht an willenlose Drohnen, die ihm helfen, die Regierung zu stürzen. Gut also, dass ich ausziehe.
Ist natürlich alles Quatsch, mein Vermieter ist gar kein Alien, er ist einfach nur fett und hässlich, aber Realität ist eben selten so fetzig, wie ich das gerne hätte. Aber man kann ja dran arbeiten. Einfach mal was Fetziges sagen.
„Sie sind auch eher einer von denen, die nackt nich so funktionieren, oder?"
Ja – Gespräche liegen mir. Sehr.

Mein Vermieter fließt ohne weitere Worte in den Flur und vergießt eine kleine Träne, als er die Küche vor seinen Augen verfallen sieht.
„Ja, das mit dem Kresse züchten hat 'n bisschen überhandgenommen bei uns", drücke ich entschuldigend hervor, während ich ihm eine Machete reiche. „Da gehen wir einmal mit 'm Lappen drüber, da sehen Sie nix mehr, versprochen. Dafür haben wir hier eine schöne Durchreiche eingebaut."
Ich zeige auf das Loch, das Bernie in einem Anfall von Tatendrang grundlos in die Küchenwand geschlagen hat. Diese Hornbach-Fernsehwerbungen reißen ihn immer so mit, da will er auch renovieren, weiß aber nicht, was, und dann baut er eine Durchreiche in die Außenwand, aber weiter als bis zum Loch kommt er dann auch nicht – „Draußen müsste erst noch 'n Balkon drangebaut werden, sonst fällt das Essen ja runter"
„Ja, okay, das is logisch, Bernie, aber wie stellste dir das vor, sollen wir uns den mit Pappe da hin falten, oder wie jetzt?"
„Wir müssen eben so lange DMAX schauen, bis da 'ne Hornbachwerbung mit Balkonbauen kommt, kann ja nich so ewig hin sein."
Und dann sitzen wir wieder drei Monate vorm Fernseher und schauen DMAX, bis uns auffällt, dass man bei den Hornbachwerbungen immer nur sieht, wie alles kaputt gekloppt wird und wie's dann fertig aussieht, aber nie die Schritte dazwischen, und dann ist Bernie traurig, da er sich bisher der Illusion hingegeben hat, ein Hammer sei das einzige Werkzeug, welches man braucht, um die komplette Wohnung zu

renovieren, und dementsprechend sieht das dann auch aus bei uns. Ein trauriger Mann mit einem Hammer und nichts zu tun ist Gift für jede Immobilie.

„… und wenn Ihnen die Durchreiche nach draußen nicht gefällt, wir haben hier ein Poster, das hängen wir im Winter immer davor, damit es nicht so zieht. Funktioniert aber auch im Sommer. Das ist ein Ganzjahresposter. Mit einem süßen Katzenbaby drauf."

„Danke …", stammelt mein Vermieter und so richtig weiß er wohl nicht, ob ich ihn gerade veralbern will, also ziehe ich voller Stolz unser Katzenbabyposter aus der Werkzeugschublade und sage: „Das hat damals fünf Mark gekostet. Hochglanz. Das ist Qualitätsware. Sie können natürlich auch eins von diesen Billigpostern aus der Medizini oder 'ner anderen Apothekenzeitschrift nehmen, aber ich sag mal: Da haben Sie nicht lange Freude dran."

Dann ziehe ich ihn durch den mit ausgestopften Füchsen vollgestellten Flur.

„Am Anfang war es wegen der Marder", sage ich beiläufig. „Aber irgendwann ist es außer Kontrolle geraten. Haben Sie vielleicht Verwendung dafür? Vielleicht haben Sie ja ein Badezimmer, das Sie ein wenig surreal einrichten möchten."

Dann sind wir auch schon durch den Flur durch und ich bleibe mahnend vor der Wohnzimmertür stehen.

„Die Füchse packe ich Ihnen gleich in ein paar Plastiktüten. Aber was jetzt kommt – ich sag mal, das wird Sie umhauen. Bereit? Fein."

Dann stoße ich die Tür auf und lasse meinen Vermieter ins Herzstück unseres Domizils wabern. Es fängt ja alles klein an. Erst ist es nur ein Hammer, der beim

Bilder aufhängen mal aufs Parkett fällt, im nächsten Moment denkt man sich: ‚Wenn ich schon mal mein ganzes Werkzeug hier habe – die Macke mach ich gleich mal weg.' Und was soll man sagen, drei Tage später ist die kleine Delle zu einer formschönen Großraumbadewanne umrenoviert.

„Jetzt schauen Sie mal nich so ungläubig, wenn man erstmal durch den Estrich durch ist, geht das quasi von selbst und Ihr Haus ist ja stabil gebaut, Kompliment dazu. Was man hier an Tiefe hinbekommt, ist wirklich beachtlich. Einmal sind wir aus Versehen in die Wohnung unter uns durchgebrochen, mehr geht da also auch wirklich nicht, aber über das Loch kurz 'n Katzenposter drüber, dann hält das, da tropft nix. Tauchen geht also nich, aber setzen. Da sind noch 'n paar scharfe Kanten, aber ich sag mal, da gehen Sie ein, zwei Tage mit 'm Hammer drüber, da merken Sie nix mehr."

„Ja", sagt mein Vermieter, „Sie haben ja 'ne Menge Arbeit hier rein gesteckt."

Das sagt er natürlich nicht wirklich. Aber ich hoffe, dass er das denkt. Bevor er wirklich irgendetwas sagen kann, räuspert sich Bernie, der hinter uns im Türrahmen lehnt.

„Tschuldigung. Es gibt da ein kleines Problem im Schlafzimmer. Das Lagerfeuer ..."

„Lagerfeuer?", fragt mein Vermieter dann doch noch mal nach.

„Lagerfeuer", sage ich. „Da verbrennen wir den ganzen IKEA-Ramsch von den Vormietern. Ist billiger als jede Heizung. Und wer braucht schon Möbel, wenn man 'ne Badewanne im Wohnzimmer hat?"

„Das Lagerfeuer jedenfalls“, geht Bernie dazwischen, „ist jetzt auch im Flur. Mehr möchte ich da grad nicht zu sagen.“
Mein breites Lächeln trifft auf das erstarrte Lächeln unseres Vermieters. „Das Schlafzimmer zeig ich Ihnen dann beim nächsten Mal. Da müssen wir wohl auch noch mal durchwischen.“
„… und vielleicht streichen“, setzt Bernie dazu.
„Genau. Streichen. Wie wär's mit nächster Woche?“
„Ganz gut“, sagt mein Vermieter.
„Ich pack Ihnen noch rasch die Füchse ein“, antworte ich.
Dass die Wohnung jetzt doch abgefackelt wird, ist mir schon etwas peinlich. Das mit der Kaution werde ich mir knicken können. Vermieter sind da, wie gesagt, 'n bisschen pingelig.

Ostblockkatzenkonfettistanzmaschine

Ich habe einen neuen Job.
Das ist ’n ziemlich langweiliger Anfang, aber der Job is auch langweilig, da geht das in Ordnung. Vorher habe ich ja Fischinnereien nach Farbe sortiert, das war ganz okay, da hat man danach immer so lustig gerochen und hatte auch nach der Arbeit ganz viel Zeit für sich. Aus den farblich sortierten Innereien haben sie dann, glaube ich, organisches Konfetti für Katzen gemacht, warum das vorher sortiert werden musste, da gab’s auch ’ne Erklärung für, ich glaub, das war wegen der Ostblockkonfettistanzmaschine, die konnte immer nur eine Farbe, sonst war die verwirrt und ging *sofort* kaputt. Also wirklich SOFORT. Da haste nur an ’ne andere Fischinnereienfarbe GEDACHT, da war die schon kaputt. Ich hab das ja selber nicht glauben können und mich ma ganz nah drangestellt an die Maschine und gedacht: „Grün.“ Nix passiert. „Haha“, denk ich also weiter, „Haha, das is ja alles Unfug“, also denke ich weiter, ich denke: „Grün, Blau, Gelb, Rot, Orange, Ocker, Türkis, Beige und Schwarz und Weiß und Grau und Lila und Braun und das alles mit WISCHTECHNIK!“
Ich bin dann zwei Wochen später ohne Job im Krankenhaus aufgewacht. Die Fabrik hatten sie nicht mal mehr schließen können, die ist einfach komplett explodiert. Ostblockkonfettistanzmaschinen halt. Haste dann davon.
Danach hab ich dann professionell Minigolf gespielt. So zwei Tage lang. Bin aber nie über die Bahn mit dem grinsenden Clown und der Windmühle hinausgekom-

men. Die war aber auch rattenschwer. Hab ich die Windmühle dann einfach kaputt gehauen. An den Clown hab ich mich damals nicht rangetraut. Nächste Bahn war aber genauso asi. Zwei Hügel, dazwischen Vulkan. Dacht ich mir auch: „Ey, bevor du jetzt hier den ganzen Platz kaputt kloppst, hörste lieber auf. Der Sport brennt dich seelisch doch total aus."

Ich hab dann 'ne Zeit erstmal gar nix gemacht und das war eigentlich ganz okay. Das konnte ich. Aber das Geld hat halt nicht gestimmt. Rolf hatte mich zwischendurch mal angerufen, sie hätten die Ostblockkatzenkonfettifabrik wieder aufgemacht und würden das jetzt einfach so handhaben, dass sie den Leuten 'ne gute Handvoll Hirn rausschnitten, dann würde man auch nich mehr an Farben denken und für die wichtigen Sachen wie aufs Klo gehen hätten sie da phantasielose Steuerberater auf Heilerziehungspfleger angelernt, die würden einem dann dabei helfen. Warum sie die phantasielosen Steuerberater nicht direkt an die Katzenkonfettimaschine stellen würden, konnte mir Rolf dann auch nicht so genau sagen, das war wahrscheinlich so 'ne Arbeitsbeschaffungsmaßnahme wegen Konjunktur und so, ich weiß so was ja nicht, ich war ja nur ganz kurz in der Wirtschaftspolitik, aber da haben sie mich dann auch rausgeschmissen, weil ich immer nur rumgeschrien habe: „Bomben auf Wuppertal! Und dann hauen wir alle Scheißclowns auf den Minigolfbahnen wech, denn die sind kacke, die machen den Mund immer zu, wenn der Ball ankommt, wie soll das denn gehen? Das is doch Sport für Spaßamputierte, immer nur mit diesem Kackschläger auf den Kackball und dann macht der Clown den Mund

zu, ich glaub', es hackt, wer denkt sich denn so was aus?"
So was kannste in der Wirtschaftspolitik natürlich nich bringen. Also, inhaltlich war das schon ganz okay, aber es scheitert dann an den Formalitäten. Du musst noch 'n Anzug tragen und *dann* kannste rumschreien: „Bomben auf Wuppertal! Und dann hauen wir alle Scheißclowns auf den Minigolfbahnen wech, denn die sind kacke, die machen den Mund immer zu, wenn der Ball ankommt, blah blah blah. Das ist doch schlecht für Europa!"
Das wär' dann halt schon okay gewesen, aber ich bring diesen Satz mit Europa einfach nicht über meine Lippen, da muss ich immer lachen bei und außerdem wusste ich zu dem Zeitpunkt meine Anzuggröße nicht. Wäre ja danach gerne Astronaut geworden, aber da war wie gesagt dieses Problem mit der Anzuggröße. Und bevor's dann doch Lobotomie und wieder Ostblockkatzenkonfetti hieß, hab ich dann halt den neuen Job angenommen, den langweiligen ganz vom Anfang.
Ich mach jetzt virales Echtzeitdirektmarketing für die Bahn. Ich steh den ganzen Tag auf dem Bahnhof und bin sehr zufrieden mit dem Service. Da erzähle ich den Leuten, wie toll das geklappt hat mit dem Anschlusszug und dass alles sehr pünktlich fahre und die Wartezeiten seien auch minimal. So ein paar Schlaumeier fragen mich dann aber doch immer, warum ich dann seit Stunden hier auf dem Bahnsteig rumlunger, wenn doch alles so gut klappt, und die muss ich laut Dienstanweisung dann immer erschießen, das hat sich in China ja auch bewährt, sagt mein Chef. Manchmal

stürme ich auch einfach auf Schaffner zu und küsse die leidenschaftlich und sage dann Sachen wie: „Danke. Danke für alles, Sie Lichtgestalt des Fernverkehrs!" oder „Ich kann es immer noch nicht fassen, wie souverän Sie da ihren Schnauzbart tragen!" oder irgendetwas ganz anderes und manchmal ist das dann der selbe Schaffner und der sagt: „Das haben Sie doch letzte Woche schon gesagt!" und dann erschieße ich den auch, pfeife ein Liedchen, als wär' nix gewesen, und steige gut gelaunt in den Zug gen Osten, stelle mich vor meine Stanzmaschine, mache Katzenkonfetti und denke an die Farben der Welt. Und mit etwas Glück erwischt die Explosion einen dieser verschissenen Clowns, das wäre schön, so als seelischer Ausgleich und um endlich, *endlich* mal mit der Vergangenheit abzuschließen.

Symbiose

Wenn ich dich anfasse, spüre, wie du atmest und bebst
Trägst du mich durch die Straßen,
weil du mich bewegst
Wenn ich mit Stift und Poesie
deine kahlen Wände beschmier
Verzeihst du mir das, denn es heißt, ich bleib hier

Und wenn das für dich falsch klingt, hey,
ich bin nur 'n Stadtkind
Stadtblind verliebt
In die Häuser, die roten
Deine Straßen der Beat
Und ich bin die Noten

Voll mit Scherben und Trümmern
von Menschen und Schwimmern
Die treiben und kämpfen
Gegen den monotonen Sog
aus so genannten Wohnparks
Gegen den monochromen Tod als Arbeiterdrohnen,
die synchron das Grau polieren
Und das war immer so

Aber ich steh drauf, wie auf deinen Dächern
Seh' zu, wie sich Möglichkeiten und Gebäude
bis zum Horizont fächern
Bleib drauf und dran
Damit ich sehen kann
Wie Häuserschluchten Landflucht begehen
Alles erobern und mit dir die Weite tapezieren

Also fasse ich dich an
Lass die Fingerspitzen über spitze Häuserecken gleiten
Und beizeiten lächle ich dann
Und du dann zurück
Stück für Stück hast du mich gewonnen
Und ich will dich nicht verlieren
Nicht die Benzinschlieren, die deine Straßen zieren
Nicht die grauen Giganten aus Stahl und Beton
Nicht all das Leben dazwischen,
denn ich bin Teile davon

Ich will dein Grau zu meinem neuen Bunt machen
Mich kaputtlachen über all die Idioten,
die unsere Liebe nicht verstehen
Nicht sehen können, nicht sehen wollen,
wo die wundervollen Ecken und Strecken sind
Die dich zu dem machen, was du bist

Abenteuerspielplatz für Beine und Herz
Bin ich so oft hingefallen
Hast mir nie aufgeholfen
Aber auch nie nachgetreten
Mich nie in den Arm genommen
Weil du das gar nicht brauchst
Weil die Häuser mich umarmen
Wenn ich zwischen ihnen durch deine Venen spazier

Durch den Wald aus Beton
Mit den verhangenen Fenstern
Den verwaschenen Menschen
Den Armeen aus Plätzen
Die nichts zu verbinden scheint

Außer Alleen und Straßen
Aber das schon seit Ewigkeit

Und auch wenn das platt klingt,
ich bin echt nur 'n Stadtkind
Das nach Worten ringt, um als Stadtschreiber,
statt zu beschreiben, Stadt zu schreiben
Weil ich in dir stattfinde
In der stotternden Stille zwischen den Autointervallen
Die die schönsten Orte unbegehbar machen
In dem wogenden Lärm, wenn Menschenwellen
Kraftvoll rollen und auf Straßenstrand krachen

Dort will ich sein
Und dir einfach nur zuhören …

HerzKopfen

Schau dich doch mal an
Schau dich doch mal an
Wie du dastehst und nachbebst
Wie'n Kreisel auf Pflastersteinen fällst

Mit zu viel Gepäck willst du zu weit gehen
Denn einfach nur bleiben, kannst du nicht
Weil da immer was ist, das dich treibt
Wie Streichhölzer im Flusslauf
Nicht zu entzünden und viel zu klein
Scheint dein Herz

Es schlägt, aber es klopft nicht
Es rennt, aber es kommt nicht an
Trotz all der Siebenmeilenstiefel
Die dein Kopf ihm schenkt
Ist es zu langsam

Oder zu taub

Vom ewig Gleichen verlassen und
Enttäuscht in Massen, die sich gar nicht in Worte fassen
lassen

Vielleicht musst du schreien!
Nur EINEN lauten Ton!

Der dann Kopf und Herz wieder synchron ticken lässt

Mauern einreißt

Damit all das Schlechte
Was da in dir gefangen scheint
Einfach davonfliegt

Denn die Mauern, die schützen nicht nur
Die rauben auch Luft
Die Wunden zum Heilen brauchen
Weil nicht jeder Wunder zum Heilen haben kann

Schau dich doch mal an
Schau dich doch mal wirklich an
Dein Herz geht unter
Und du
Du stehst da und zuckst mit den Schultern
Hast die Hände in den Taschen
Tief vergraben
Damit keiner sieht, dass du zitterst
Und Angst hast
Vor Dir und dem Ding in Dir drin
Das du grad nicht verstehst
Weil es viel zu leise flüstert und erzählt
Von Dingen, die du noch nicht fühlen kannst
Die da sind und warten
Und warten
Und bis dahin
Ist es nur einen Staubkornsprung entfernt

Musst dich nur trauen!

orgnf

Ich sitze seit knapp 14 Stunden vor meinem Rechner und will einen lustigen Text schreiben. Bisher habe ich leider nur die Worte „kslhfwerf“, „uhjjfds“ und „ahfosd9“ zustande gebracht und auch das nur, weil mein Kopf beim Einschlafen zweimal auf die Tastatur geknallt ist. Bei „ahfosd9“ habe ich das mit dem Kopf absichtlich gemacht, ich dachte mir: „Vielleicht kommt ja ’n lustiger Text bei raus, kann mir ja nicht 30.000 Affen anstellen, nur damit dann da irgendwann zufällig Shakespeare rauskommt. Shakespeare brauch ich nicht und erst recht nicht irgendwann, sondern jetzt, und …“
BAMM!
ahfosd9
„Okay, auch dein dritter Versuch bringt da irgendwie keine zufriedenstellenden Ergebnisse“, meint Bernie aus dem Hintergrund und hämmert meinen Kopf ein weiteres Mal aufs Keyboard.
Orgnf
„Das hat doch was“, sagt er dann. „Aber wird es deinen Verleger zufriedenstellen?“
Bernie sollte eigentlich bei so einem Anti-Aggressionstraining sein, aber er findet, dass da nur Waschlappen hingehen, die immer über alles reden wollen, und er ist recht praktisch veranlagt, was Konfliktbewältigung angeht. Eher so der Hands-On-Typ. Paradoxerweise wirkt das abschreckend auf Arbeitgeber, obwohl die das in den Stellenausschreibungen immer fordern. Talking about nicht wissen, was man will. Dann erlange ich das Bewusstsein wieder.

Owugr
Gjoohinfd
Zrhjpj
„Du musst bei der Arbeit eingeschlafen sein“, säuselt Bernie etwas *zu* fürsorglich, während er mir sanft das Blut aus dem Gesicht wischt. „Und vielleicht solltest du noch mal über deinen Ansatz nachdenken. Ich meine, schau dir deine Geschichte an: Orgnf Owugr Gjoohinfd Zrhjpj – da fehlt mir irgendwie ’n Spannungsbogen. Du solltest mal raus. Was erleben.“
„Gute Idee“, sage ich, „Ich wollte eh noch Aspirin kaufen.“
Draußen malen wir Gute-Laune-Graffiti mit Glitzerstiften aus der Wundertüte an die Wände. „Weiter so“, schreibt Bernie in geschwungenen rosa Buchstaben an die Hauswand, ich male „Alles supi“ und ein lachendes Einhorn dreifarbig auf einen Verteilerkasten. Sofort greift Liebe um sich. Alle fallen sich in die Arme, nur Bernie kommt damit nicht klar und bricht sie ihnen. Alle sind traurig, also male ich noch ein Einhorn auf den Streifenwagen und den Polizisten fröhlich glitzernde Backenbärte und dann ist alles wieder gut. Wir sollen trotzdem mit aufs Revier, irgendwas stimmt nicht mit unseren Personalien.
„Sie können doch unmöglich schon dreißig sein“, sagt der Polizist zu mir. „Ich hätte Sie jetzt HÖCHSTENS auf 18 geschätzt.“
Charmant, charmant, aber wir wollen zum Arbeitsamt, die gute Stimmung ausnutzen, vielleicht gibt’s ja noch irgendwo ’nen Zuschuss zu irgendwas abzustauben, heute is so’n Tag, da kann das klappen. Die Türen öffnen sich uns wie von selbst, Fanfaren, zur

Begrüßung gibt es Tee und etwas Gebäck, irgendjemand steckt mir hundert Euro zu, weil ich so verdammt nice aussehe. Während Bernie in den Fahrstuhl zum Sachbearbeiter steigt, schwinge ich mich auf einen Stuhl und verkünde:
„People der Agentur für Arbeit, ich habe einen Job für euch - gut drauf sein!"
Die People der Agentur für Arbeit verteilen sich – und sind gut drauf. Ich stagedive nach draußen. Bernie ist auch da und hat leider keine Zuschüsse für irgendwas abstauben können. Sein Sachbearbeiter hat die von mir erteilte Aufgabe, gut drauf zu sein, scheinbar nicht zu seiner Zufriedenheit erfüllt und so gibt ihm Bernie mal fix 'n Update zu den Fortschritten seines Anti-Aggressionstrainings, nachdem er ihn aus seinem Büro, drei Etagen runter und über die Straße geschubst hat. Keine.
Ich winke euphorisch dem herannahenden Bus zu. Bernie brüllt irgendwas mit „Stalingrad" und „Sackratten", dann schiebt er den heulenden Sachbearbeiter an mir vorbei in die Linie 447.
„Fahren Sie den Mann bis ans Ende der Zeit, so dass er den Sonnenaufgang finden kann."
„Macht Zweifuffzig." Dann schließen sich die Türen und tragen den Mann vom Arbeitsamt einer ungewissen Zukunft entgegen.
„Und, schon 'ne Idee, worüber du schreiben könntest?"
„Nee. Is ja echt nix los heute. Außerdem hab ich Kopfschmerzen, als hätte mir jemand immer wieder den Kopf auf 'ne Tastatur geschlagen."
„Klingt krass ungesund. Du solltest das dringend mal untersuchen lassen."

Mir läuft Blut aus der Nase. Bernie reicht mir ein Taschentuch, tätschelt dann wohlwollend meinen Hinterkopf.
„Komm schon“, sagt er dann, „du solltest noch was schreiben. Mich juckt’s schon richtig in den Fingern.“
Ich ahne zu wissen, was er meint. Was soll’s. Hinter jedem großen Mann steht eine starke Frau. Oder ein Typ namens Bernie.
„Irgendwie fühlt sich dieser Tag richtig an, um einen Roman zu anzufangen. So ein 600-Seiten-Monster.“
„Ich bleibe vorerst bei kurzen Texten. Weil ich mein Gesicht mag.“
„Pussy!“, sagt er dann und lässt genüsslich die Finger knacken, „Kunst wird aus Schmerzen geboren.“
Und leider hat er damit nicht ganz Unrecht.

Girl from Mars

… und dann ist da dieser eine Song, der dich zurückkatapultiert, zurückprügelt und sanft zurückgleiten lässt und das alles auf einmal, in die Zeit, in der du viel zu jung warst und deine Gefühle viel zu groß für dich und die Welt, als jede Liebe die ganz große war, für immer, die eine, an der du dich für immer festhalten würdest. Und manchmal bleiben diese Lieben wirklich da, sie bestehen nicht, aber sie bleiben da und du trägst sie immer mit dir herum, sie und die Erinnerung an dieses Gefühl, das dir jeden Atem stoppte, das dich Kilometer und Telefongebühren vergessen ließ. Und du fühlst dich ein wenig albern, wenn du zurückdenkst. Wie die ganz kleinen Dinge dich noch Jahre später aufrichten, die Traditionen, die so groß erscheinen, obwohl es höchstens zweimal vorkam, es dir aber scheint, als hättest du Dinge dein Leben lang getan.

Du erinnerst dich, dass kein Tag verging, an dem du nicht an SIE dachtest, auch Jahre später noch, und auch dass du dachtest, das würde niemals aufhören, und wie es das dann doch tat und du es gar nicht richtig bemerktest. Nur irgendwann mitten auf der Straße stehen bliebst, dich umsahst und feststelltest, dass du nun schon eine ganze Weile nicht mehr an SIE gedacht hattest, diese Liebe deiner Jugend, die nun auch schon zehn Jahre her ist, und wie du eine ganze Weile nicht an SIE gedacht hast, ohne das zu vermissen.

Diese Magie nicht mehr zu umschreiben, die du damals fühltest, jedes Wort Poesie von ihr, jeder Brief ein Heiligtum mit diesen naiven Zeilen darin, wie sie nur die ganz große Liebe hervorbringt, und dennoch hast du immer noch diese Fetzen vor Augen, einen Spaziergang, als sich ihr Lederjackenarm um deinen schlang, diese viel zu große Frau in der viel zu kleinen Stadt, ihre Mutter am Telefon, die ihren Namen ruft, und immer wieder all diese Spuren, die ihr und dein Leben hier hinterlassen haben, ein Brandfleck auf dem Schreibtisch deines Jugendzimmers, der von diesem Teelicht stammt, dieses Bett, an welches ihr gelehnt gesessen und auf ein dunkles Zimmer gestarrt habt. Der Moment, in dem ihr euch fragtet, wo die Magie hin war, und der Moment, in welchem ihr sie wiederfandet, all das ist konserviert, der Kuss auf die Stirn am Bahnhof und die zahllosen Zeilen, die er aus dir hervorquetschte, all das ist konserviert in diesem einen Song und ihr habt ihn niemals miteinander gehört, du hast ihn erst später gefunden, aber doch ist dort alles sicher aufbewahrt, in einer Melodie.

… und dann läuft dieser Song im Radio und du bist wieder jung und unbeschwert und magst nicht an Morgen denken, sonnst dich in diesem Gefühl, dass es irgendwann einmal eine Zeit gab, in der die Liebe so wunderbar, wunderbar einfach war.

All Cops Are DJs

Das Ende der Zivilisation ist genau das, was dieser Party irgendwie gefehlt hat. Bernie hat mich zwischen Minifrikadellen und einer Nachbildung des Matterhorns aus Chipstüten festgequatscht und doziert seit zwei Stunden wirres Zeug über brennende Giraffen in meine Richtung.

„Ey, Salvador Dalí is der King of Surrealismus", lallt mir Bernie entgegen, „weil die Giraffe BRENNT."

Würde Bernie jetzt brennen, wäre unsere Bude definitiv der Palast des Surrealismus. So ist sie leider nur der kostenlose Innenstadtparkplatz des Surrealismus, aber der ist eigentlich immer genau dort, wo Bernie ist, und so fühlen sich Gespräche mit ihm an, als würde man stundenlang in eine Lavalampe starren. Erstmal geschieht nichts, aber man weiß – da kommt was. Dann verfärbt sich alles und die Realität beginnt, sich in Klumpen aufzulösen. Irgendwann blubbt da so ein dicker Klumpen Wirklichkeit raus und dümpelt motivationslos an die Oberfläche und man selbst ist schon ganz gespannt, wann dieses spektakuläre Ereignis sich wiederholt, und kann einfach nicht wegschauen und sagt: „Ey, eine Blase noch, eine muss noch hochsteigen und dann ruf ich endlich mal den Notarzt, mir läuft hier so komisch Blut aus allen Körperöffnungen, aber das ist SO beruhigend, wenn die Klumpen da so hochsteigen, ich kann da gar nicht – oh, schon wieder einer. Aber beim NÄCHSTEN, beim nächsten, da muss ich dann wirklich mal den Notarzt anrufen, der ganze Teppich is schon voll und mir wird so komisch

im Kopf, OH, da schau her – noch ne Blase! Eine warte ich noch ab, bis …“ BÄMM!
Manchmal denke ich, dass Bernie völlig an seinen Talenten vorbeilebt. Der Typ kann Leuten einen Eispickel ins Hirn labern. Warum er da nicht was wird, wo die Leute ERWARTEN, dass das, was du sagst, keinen Sinn ergibt, ist mir völlig schleierhaft. Sektenführer. FDP-Spitzenkandidat. Klaus Kinski. Irgendwie so was halt. Viel dringender ist allerdings die Frage: Was antwortet man da, wenn einem jemand was über brennende Giraffen ins Ohr brüllt? Kann ich leider auch nicht beantworten, denn Bernie hat so die Eigenart, Gespräche abzubrechen, wenn sie drohen, ins Nachvollziehbare abzudriften. Also schiebt er sich eine Frikadelle in den Mund und versucht so einen Susi-und-Strolch-Kuss mit der Frau von der GEZ, deren Hoffnung, hier vielleicht doch noch irgendwo einen Fernseher vorzufinden, wir seit heute Mittag schamlos ausnutzen, um uns ein wenig die Zeit zu vertreiben.
„Wollen Sie nicht noch mal im Bad nachschauen? Mir war, als hätten wir da letztens einen Kabelanschluss gelegt."
Solche unfreiwilligen Gäste können schillernde Epizentren jeder Party sein. Muss man nur richtig aufziehen.
„Ey, Party!“, rufe ich also und die ekstatisch kopulierenden Massen in unserer Wohnung halten ehrfürchtig inne. „Das ist Sabine von der GEZ.“
…
…
Ein Heuballen weht vorbei.

Am liebsten würde ich selbst mein eigenes Bier klauen und die Party zu jemandem verlegen, der ein bisschen cooler drauf ist, aber da ich nur nette Menschen kenne, erledigen DIE das für mich und so stehen Bernie und ich drei Minuten später in unserer leergefegten, dunklen Bude. Zur Strafe haben sie nicht nur das Bier geklaut, sondern auch noch die Sicherungen rausgedreht und mitgenommen. Meine Freunde werden nicht von Partys rausgeschmissen, die schmeißen die Party raus und machen einfach irgendwo eine neue auf. Mit meinem Bier und mit meinen Sicherungen. Denn wenn die Polizei kommt und den Strom abstellt, weil meine Freunde zu allem tanzen können, was irgendwie Geräusche macht, das kann zur Not auch die Lüftung vom Backofen sein, da kommen so ein paar Extra-Sicherungen schon ganz gut, da brauchst du keine Anlage, denn Musik ist eh scheiße, alles mit Melodie ist Mainstream, das hat ihnen Bernie so eingetrichtert, und seither spacken immer alle zum Sound von Küchengeräten ab, nur eben wir jetzt nicht, weil ich Arschloch-Freunde habe, Arschloch-Freunde, die meine Sicherungen geklaut haben, und dabei haben wir EXTRA einen Zettel ins Treppenhaus gehängt, dass es heute etwas lauter werden könnte, und wie stehen wir denn jetzt da? So ein Zettel ist doch auch 'ne Verpflichtung.
Nach fünf Minuten Stille fangen die Nachbarn an, gegen die Wände zu klopfen. Verzweifelt rücken Bernie und ich den Küchentisch hin und her. Keine Chance. Viel zu leise. Verdammte Filzstopper. Es klingelt. Frau Zeiss steht da im Nachthemd, ihre Haare stehen ab und scheinen nach mir greifen zu wollen.

„Es ist zu leise bei Ihnen. Meinen Sie, da ließe sich etwas machen?"
„Ja, also …"
„Wir haben aber einen Zettel aufgehängt!", ruft Bernie dazwischen, „Im Treppenhaus!"
„Das ist mir egal", murmelt Frau Zeiss durch ihre brüchige Unterlippe. „Sie haben zwar *geschrieben*, dass es laut werden könnte, aber schreiben allein reicht nicht. Ich würde mich freuen, wenn der Geräuschpegel auch Ihrer Vorwarnung entspräche. SO ist mir das jedenfalls entschieden zu leise. Es gibt hier auch Menschen, die wach bleiben möchten, und wenn Sie die ganze Zeit so still sind, fällt das nicht leicht."
Dann schlurft das geblümte Nachthemd zusammen mit Frau Zeiss darin wieder eine Etage tiefer. Ihre Tür klickt demonstrativ leise ins Schloss.
„Mann, Mann, Mann, die Alte sollte dringend mal 'n paar Drogen nehmen und ausrasten", ruft Bernie in den Hausflur und greift widerwillig einen Hammer, um ein paar Bilder geräuschvoll an die Wand zu nageln. Vier Nägel. Pro Bild. Das stellt die Nachbarn kurzzeitig zufrieden.
„Wir hätten nie diesen Zettel aufhängen sollen. Wie soll man da 'ne Party feiern bei dem ganzen Druck, ständig laut sein zu müssen? Ich komme mit diesen Verpflichtungen nicht klar."
„Musst du so flüstern?"
„ENTSCHULDIGUNG!"
„Ich würde ja jetzt mal die Wohnung durchsaugen, aber so ohne Strom …"
„Du, ich hab 'ne Axt."
„Auch gut."

Als erstes hauen wir die Tischbeine mit den verdammten Filzstoppern ab. Kann man den Tisch geräuschvoller rumschieben. Wenn er denn noch Beine hätte. Auch eine Tischplatte lässt sich erstaunlich schnell und vor allem überraschend leise in Kleinholz verwandeln. Wo ist eine Motorsäge, wenn man sie braucht? Es klingelt.
„Guten Abend." Die Polizei. „Ist 'n bisschen ruhig hier, hm?"
„Ja, sehen Sie …"
„Wir haben einen Zettel im Treppenhaus aufgehängt."
„Wo steht denn Ihre Musikanlage?"
„Wir haben keine."
„Wer's glaubt." Polizist Nummer 1 lacht und knufft Polizist Nummer 2 in die Seite. „Sie glauben gar nicht, wie oft wir *den* Spruch hören. Ne, Paul?"
Polizist Nummer 2 ist nicht so ein Gute-Laune-Igel wie sein Kollege.
„Hören Sie mal zu. Entweder Sie nehmen jetzt hier sofort Ihre Musikanlage in Betrieb oder es gibt 'ne Anzeige wegen Störung durch Nachtruhe. Können Sie sich aussuchen."
„Ja, aber wir HABEN keine Anlage. Oder Strom. Oder Gäste."
„Ich finde das 'n bisschen fahrlässig von Ihnen. Was meinst du, Paul?"
„Sie zeigen hier ja keinerlei Einsehen. So ein Zettel im Treppenhaus, auf dem steht, dass es laut wird – und dann geht da nix – das reicht nicht. So entspannt wie ich Sie hier erlebe, werden wir wohl nicht drum herumkommen, Sie zwangszuamplifizieren. Wir drehen Ihnen ein paar Sicherungen rein und stellen Ihnen hier

was hin – und wenn das dann schön konstant bei 180 Dezibel bleibt, ist alles okay, können Sie die Anlage morgen früh bei uns auf'm Präsidium abgeben. Wenn nicht …"
Dann zieht Polizei-Paul bedeutungsschwanger seine Augenbraue nach oben.
„JA, ALLES KLAR!"
„Und SIE" – scharfer Blick auf Bernie – „Werden Sie mal 'n bisschen betrunkener. Sie sehen aus wie einer, der dann ganz schön viel und laut Unsinn erzählt."
Grummelnd schnappt sich Bernie die Autoschlüssel. „Ich fahr ma Bier kaufen."
„Sie können doch nicht etwa noch fahren? Na ja, ich will ma nix sagen, Sie bemühen sich ja. Nehmen Sie sich wenigstens 'n Schnaps für unterwegs mit."
„Ja, Herr Wachtmeister."
„Wie war das?"
„JA, HERR WACHTMEISTER!"
„Geht doch. Paul, ich denke, wir werden hier bleiben müssen, sonst wird das nix. Ich zieh mich schon mal aus."
Zwanzig Minuten später ist die Anlage notdürftig verkabelt, alle Bassboxen sind in Richtung der angrenzenden Wohnungen gerichtet und Inspektor Paul Tanzbär ist ***on fire***. Die Venga Boys ballern uns das letzte bisschen Resthirn aus den Poren unserer verschwitzten Haut und Bernie hat den ersten Bierkasten pflichtbewusst alleine ausgetrunken.
„Oh, eine Musikanlage", flötet GEZ-Sabine aufgekratzt, die bis eben im Badezimmer nach versteckten Empfangsgeräten gesucht hat, „die könnten wir anmelden. Hätten Sie da Lust drauf?"

„Klar, Baby!", brüllt Bernie ihr ins Ohr. „Aber was ich noch sagen wollte: Salvador Dalí is der King of Surrealismus. Weil die Giraffe BRENNT!"

Ob GEZ-Sabine weiß, was man auf so etwas antworten könnte, wird der Nachwelt leider nicht überliefert werden können. Irgendwer hat Scooters Extended Version von „Hyper Hyper" gefunden und auf Single-Repeat gedrückt.

„Sie hören das jetzt, bis die CD zu Ende is!", schreit Polizei-Paul nackt hinter dem DJ-Pult hervor.

„All Cops Are DJs", spraye ich noch an meine Wohnzimmerwand. Dann leiste ich dem Befehl der Polizei Folge und lasse mich fallen in ein Meer aus Musik.

Wenn ich 'n Laserdrucker hätte

Wenn ich 'n Laserdrucker hätte
Dann würde ich die Welt verändern
Denn die Menschen, die Menschen, die machen alles, was auf Schildern steht
Und die Menschen, die glauben alles, was auf Schildern steht
Wie zum Beispiel „Opsen ist schön", obwohl das nur so'n Kackdorf anner Autobahn is
Mit zwei Bauernhöfen und ohne Straßen, dafür aber 'n Schild, auf dem steht, dass Opsen schön is
Und dann muss das ja so sein
Also kauf ich mir 'n Laserdrucker
Einen, der auch Farbe kann
Und fang an
Städte umzubenennen

Gelsenkirchen wird Berlin
Und Dortmund Hamburg
Weil ich schon immer mal am Wasser wohnen wollte
Und die ganzen Hauptstadtfanatiker und all ihre Scheißtrends
all die Pseudokünstler und Möchtegernautoren
pilgern nach Gelsenkirchen und wundern sich, dass überhaupt nix los is

Dann verwandle ich mit Schildern Autobahnen in Poetry Slams
Alle trinken Freibier beim Fahren
Und nach fünf Minuten müssen alle wieder runter

Und nur die besten dürfen noch mal fünf Minuten drauf
Aber dann is auch Schluss
Da freut sich Greenpeace
Und der Bauernhof in Opsen
denn alle, die schon in der ersten Autobahnrunde rausgeflogen sind
brauchen ja dringend ’n Schlafplatz

Und dann, dann druckt mein Laserdrucker Geldscheine
Und nach und nach tausche ich ganz Europas Währung aus
Der Euro heißt dann Dollar
Und der Dollar auch
Und keiner weiß mehr, ob er grad fremdes oder eigenes Geld verspekuliert
Und dann, dann fang ich an, Hautfarben und Nationalitäten zu vertauschen
Türken sind nächste Woche Deutsche und Deutsche aus Italien
Schwarz wird rot und Weiß wird pink
Und dann wird Pink grün und Orange vielleicht schwarz
Und nach vier Wochen wird das allen viel zu blöd
Und Rassisten wissen gar nicht mehr, wen sie jetzt genau hassen sollen und hassen sich selbst
Weil sie sich das wenigstens merken können
Und der Rest lebt dann endlich in Frieden
Und ich druck ein Schild, auf dem steht, dass jetzt Weltfrieden is
Und kleb es auf die Welt

Damit die USA das mit ihren Weltraumteleskopen
endlich auch mal mitkriegen
Und mit Kriegen dann wirklich Schluss is
Und den anderen Ländern ohne Satelliten
Denen Fax ich das von mir aus
Ja, geil, ich kauf mir ’n Laserdrucker
Und das erste, was ich damit mache
Is ’n Text darüber schreiben, wie geil das wär’, ’n
Laserdrucker zu haben
Und den druck ich dann auf dem Laserdrucker aus
Und komm auf irgend’ne Bühne
Und les’ den vor!

Das Ende ist der Anfang von etwas Wunderbarem

„Klar, du bist hübsch, spielst ein paar Instrumente und hast 'n vernünftigen Job – dafür kann ich extrem schnell Bier trinken. Und irgendwann wird mir das mal das Leben retten."
Die Frau in der Bar sagt dann zu mir, was viele Frauen in Bars zu mir sagen: „Ich denke, nicht."
„Ja, klar, bei deinem Lebensstil klingt das bestimmt wie 'ne Rechtfertigung für beginnenden Alkoholismus. Aber nehmen wir mal an, also nur zum Spaß jetzt, ich hätte mit der Mafia zu tun. Und dann kommen die eines Tages zu mir und sagen: ‚Pass auf, Kollege, du schuldest uns drei Millionen, einfach so, weil wir die Mafia sind. Aber der Don, der Don, der hat eine Schwäche für Showbiertrinker, traurige Clowns und Jungs, die nicht besonders gut darin sind, mit Kettensägen zu jonglieren. Fröhliche Kindheitserinnerungen. Was weiß ich. Und weil nur Typen, die echt NICHTS mehr zu verlieren haben, den traurigen Clown geben, das ist so was wie spiritueller Suizid, nur dass manchmal noch Pferde oder Löwen daneben stehen, und weil du wahrscheinlich auch so ein Anhänger der Theorie bist, dass ein Tag, an dem man beide Arme verliert, kein guter Tag werden kann, drücken wir dir jetzt dieses Fass Bier in die Hand und sagen: Verzaubere uns!'"
„Unrealistisches Szenario", sagt die Frau an der Bar, „aber gut, ist gekauft. Frage mich aber immer noch, wie mich das jetzt genau beeindrucken soll, dass du scheinbar ein massives Alkoholproblem hast."

„STOP!“, lallt ihr Bernie über die Schulter. „Du siehst das völlig falsch. Der Katze hat kein Alkoholproblem. Hat er doch grad gesagt: Alkohol ist ÜBERHAUPT kein Problem für den. Weil der SO schnell trinkt, der Alkohol is weg, bevor der zu ’nem Problem werden kann. Is doch logisch.“
Dann kollabiert Bernie bei dem verzweifelten Versuch, sich lässig an die Theke zu lehnen. Warum nehme ich diesen Typen eigentlich mit, wenn ich Frauen kennen lernen will? Würde ja gerne sagen: „Weil ich ein Idiot bin“, aber das stimmt nicht. Fakt ist: Es schmälert meine Chancen nicht. Diese Erkenntnis ist wiederum nun traurig genug, um sie nicht alleine haben zu wollen, und genau deshalb gehe ich gerne mit Bernie weg. Außerdem beruhigt es ungemein, nachdem man einen Korb kassiert hat, jemanden bei sich zu haben, dem sich Sex eher als philosophisches Problem und nicht so sehr als reale Möglichkeit präsentiert.
„Dein Kumpel ist ganz schön betrunken“, meint die Frau an der Bar zu mir.
„Du bist ja immer noch da“, sage ich.
„Deine Beine schmecken nach Lakritz“, sagt Bernie.
„Schade, dass du gehst“, sage ich.
Dann bestelle ich drei Bier und stelle eins davon neben Bernie auf den Boden.
„Lass mich zurück, ich halte dich nur auf. Ohne mich kommst du schneller voran.“
„Möge Gott mir vergeben“, antworte ich melodramatisch und kraule ihn hinterm Ohr, bis er einschläft. Dann wanke ich ziemlich Lone-Ranger-mäßig einen knappen Meter bis zum nächsten Tisch. Es kommt mir vor wie eine Ewigkeit.

„Endlich mal wieder ein freundliches Gesicht", huste ich der nächsten Frau entgegen, während ich mir imaginären Staub von meinem imaginären Mantel klopfe. „Da draußen, da draußen ist es hart, Schätzchen. Verdammt, manchmal fragst du dich, ob du überhaupt noch ein Mensch bist. Und es ist einsam. Verdammt einsam. Mein Kumpel Jimmy hat's nicht hierher geschafft. Hat sich sein verdammtes Bein gebrochen. ‚Wayne', hat er gesagt, ‚Wayne, du musst ohne mich weiter gehen. Ich bin doch nur Ballast. Aber du kannst es schaffen. Tu mir nur einen Gefallen – wenn du die nächste Frau flachlegst – erzähl ihr meine Geschichte!' Und dann, dann habe ich dem armen Jimmy 'ne Kugel in den Kopf gejagt und ihn begraben unter einem Stein, denn das war alles, was wir da draußen hatten. Ein verdammter Stein. Und Pferde. Warum Jimmy mit dem gebrochenen Bein nicht reiten konnte, fragst du dich bestimmt. Ich kann es dir nicht sagen, er war immer schon ein seltsamer Vogel, aber er wird seine Gründe gehabt haben. Und jetzt stehe ich hier vor dir, Schätzchen, und erzähle dir seine Geschichte. Du weißt, was das heißt, oder?"

„Sohn!", antwortet meine Mutter.

„Frau Katze!", grölt Bernie und taumelt ihr euphorisch in die Arme. „Ich müsste Ihren Sohn mal 'ne ganz Klitzekleinetüdelükleinigkeit entführen, denn da hinten, also, ey, is dein Bier schon wieder alle? Also, da hinten, was wollte ich sagen, jedenfalls diese Frau, die ist echt tierisch beeindruckt davon, wie viel Ihr kleiner Sohnemann hier so in sich hineinschütten kann, ohne dass es die *geringsten* Auswirkungen auf seine Wahrnehmung hat, und ich sage so zu der: ‚Jaja, das ist

mein Mitbewohner' und sie so ‚Jaja, ich weiß' und ich so ‚Ja, krass' und sie so ‚Find ich auch' und ich dann ‚Vielleicht lege ich mal 'n gutes Wort für dich ein, dann erzählt dir der Katze 'ne Westerngeschichte und legt dich flach' und sie dann ‚Ja, das wär ja mal was' und da sage ich ‚Gebongt' und dann gehe ich so los und sehe Sie hier, Frau Katze, reden mit Ihrem Sohn und ich denke ‚Oha, da mag aber einer seine Mutti gerne', was ich ja total gut finde, aber trotzdem will ich das jetzt gar nicht unangenehm werden lassen, es ist nur so, verstehen Sie, da hinten steht eine und ich finde, Ihr Sohn und die, die sollten unbedingt mal 'ne pfiffige Westerngeschichte austauschen und dann … äh … 'n Kaffee trinken oder so."
Dann zieht Bernie mich fahrig aus dem Epizentrum des feuchten Urtraums meines Psychotherapeuten.
„Niemand wird je etwas davon erfahren", raune ich ihm zu.
„Du kannst von mir aus später behaupten, ich hätte 'n pinken Leopardenmantel angehabt und irgendeinen Stuss über Senf erzählt", raunt Bernie in einem für ihn ungewohnten Moment der Klarheit zurück und schiebt mich dieser Frau unsanft vors Gesicht. Reflexartig halte ich ihr mein Bier hin.
„Hi, ich bin Katze. Ich kann das da furchtbar schnell austrinken. Wenn die Mafia fragt."
Sie lächelt. „Ich weiß."
Um uns etwas Privatsphäre zu gönnen, brüllt Bernie: „SENF!", zwinkert mir zu, verliert das Gleichgewicht und fällt dann erstaunlich unspektakulär um. Er ist ein guter Freund.
„Schickes Kleid hast du an."

„Danke."
„Habe ich das mit dem schnell Bier trinken erwähnt?"
„Hast du."
„Gut."
„Ich mag dich trotzdem."
„Auch: gut."
„Du bist ziemlich nervös, oder?"
„Ja. Wieso?" Sie gibt mir darauf keine Antwort und lässt mich doof wie fünfzig Tüten Mehl alleine stehen.
„Scharfe Braut", raunt Bernie von unten, während er sich würdevoll an meinem Jackett hochzieht.
„Jau. Aber scheiß Musik hier. Wir sollten uns dringend verpissen. Sonst wird das wieder einer von diesen *ganz* frustrierenden Tagen."
„Gib der Sache noch fünf Minuten", meint Bernie.
Das Publikum erhebt sich. Die Musik wird kitschig. Welcher DJ spielt um diese Uhrzeit den Hochzeitsmarsch? Die scharfe Braut hat sich inzwischen einen Typen geangelt, der glatt ihr Vater sein könnte. Wiegenden Schrittes stolziert sie den Gang entlang.
„Sachte doch, dass sich das noch lohnt heute", lallt Bernie ein letztes Mal. Dann drückt er mir zwei Ringe in die Hand. Ich schätze, ich habe noch cirka zwanzig Sekunden, um die Sache zu versauen.
Wird knapp.
Ist aber eigentlich auch ganz gut so.

rocknrollmitbuchstaben

Ich bin ein furchtbarer Musiker. Daher schreibe ich.
Viele furchtbar schlaue Menschen meinen ja, für den normalen Bürger definieren zu müssen, was irgendetwas ist. Solche Menschen dürfen offensichtlich meinen, das Leben wäre dieses und jenes. Sie dürfen sagen, das Leben wäre Nutella oder ein gestrandeter Walfisch, ohne dafür mit Konsequenzen rechnen zu müssen. Sie dürfen sagen, dass das Leben eben nicht nur eine Schachtel Pralinen ist, sondern eben auch ein überfahrenes Opossum. Man sieht erst, was drin ist, wenn es vorbei ist. Keine Ahnung.
Ich bin derzeit auf dem Weg zurück in die geliebte Heimat und in der Zeit, in der ich dieses Buch schrieb, ist mein Leben auch etwas durchgerüttelt worden. Ich sage deswegen allerdings nicht, das Leben sei eine halbvolle Tüte Puffreis, ich sage das vor allem nicht, weil mir keine wirklich schlaue Analogie einfallen mag.
Ich fahre also auf der Autobahn zurück aus der Schweiz, viel zu schnell, und mache mir ein paar schlaue Gedanken. Weil sinnlose Vergleiche anstellen über zwei Dinge, die angeblich einander sein sollen oder zumindest wie einander, das ist ja eine meiner leichtesten Übungen. Witzigerweise funktionieren diese Vergleiche meist nur in eine Richtung. Liebe ist Krieg, okay, aber dass Krieg wirklich Liebe ist, wage ich mal ernsthaft zu bezweifeln. Also bin ich mal albern wie alle großen Philosophen und Songschreiber vor mir und denke mir drei sehr alberne Analogien aus.

Leben ist wie Autofahren.
Leben ist wie Rockmusik.
Leben ist wie Möbel von Ikea.

Du verbringst einen Großteil deines Lebens auf der mittleren Spur, ein Auge nach vorne, das andere blickt im Spiegel nach hinten und von oben presst sich Regen gegen die Windschutzscheibe, während du versuchst, die Lücke in der linken Spur zu erwischen, um an den anderen traurigen Gestalten, die da vor dir herschleichen, vorbeizuziehen, um irgendwas vor ihnen zu erreichen, aber du weißt selber nicht so genau, was das ist. Und die ganze Fahrt über pocht dieser Gedanke in den hintersten Ecken deines Kopfes, dass jederzeit irgendein Vollidiot hinter dir einen Fehler macht und dich beim Überholen mit 140 in die Wildnis flankt. Rasthof um Rasthof rast an dir vorbei, aber du hast den Blick viel zu fest auf diesem unbekannten Ziel und tankst nur, wenn es wirklich sein muss. In regelmäßigen Abständen kommt ein steiler Hügel und du musst erst einmal einen Gang zurückschalten, um dann richtig Gas zu geben. Bis du irgendwo zu Hause ankommst.
Ich habe lange überlegt, was „zu Hause" eigentlich ist, und leider ist mir dazu noch nichts wirklich Schlaues eingefallen. Ich werde es wissen, wenn ich da bin.

Und Leben ist wie Rockmusik. Ich meine jetzt nicht diesen Bon-Jovi-Kitsch, der einem da immer zu einfällt, oder dass es mal laut, mal leise sein kann, das ist alles pseudopoetischer Unfug, den niemand wirklich ernst nehmen sollte. Leben ist Rockmusik in dem Sinne, wie Rockmusik gemeint ist, wenn Astra Kid über Frauen singen: „Du bist Rockmusik für mich, die Greatest Hits Teil 1 bis 10.“

Diese Frau und ich, wir liegen auf der Motorhaube meines Autos, das nur von Klebeband zusammengehalten wird, und schauen verträumt in den Himmel und sie sagt gar nichts, weil Worte nicht so ihres sind, und ich plappere für drei, weil ich so furchtbar aufgeregt und nervös bin, und wir mögen uns beide dafür und meine Hand zittert so sehr, wenn ich in ihrer Nähe bin, dass ich nicht einmal die Ihre greifen kann, und so liegen wir beide da, sie ganz stumm, ich ganz laut und dann denke ich: „So muss das sein.“ Und wenn sie dann doch mal erzählt, dann erzählt sie von Berlin und ihre Augen sind glücklich und ich bin das auch in diesem Moment und dann denke ich wieder an zu Hause und frage mich, wo das ist. Und wenn diese Frau von Berlin erzählt, dann will ich ihr von Zürich erzählen, ich will ihr die Straßen zeigen, in die ich mich verliebt habe. Ich hätte ihr den See geschenkt und abends mit ihr auf eben jenem See gesessen, barfuß, und ein Bier getrunken, während um uns herum die Stadt in bunten Farben ertrinkt und sich nicht schert, was in ihr geschieht, weil jeder selbst wissen muss, was er tut und lässt, und vielleicht hätte sie das glücklich gemacht und das wäre sehr schön gewesen.

Und das alles, das hat kein Ziel und das braucht es nicht, weil ich mit ihr derzeit nirgendwo ankommen kann, und das ist schade, aber das braucht es nicht, denn was in dem Moment zählt, ist, dass wir diesen Moment teilen und hier und jetzt warum auch immer glücklich sind.

Und das ist Rockmusik. Das ist unvernünftig und furchtbar, furchtbar schön.

Und ja, verdammt, Leben ist wie Möbel von Ikea. Du hantierst mit einer dieser Bauanleitungen, die du nicht verstehst, weil es nicht deine eigene ist, und dann schraubst du diesen Schrank irgendwie doch zusammen und so sehr du dich auch anstrengst und so viele Teile du auch kaufen und irgendwie nach fremden Plänen zusammenbauen wirst, das wird nie aussehen wie im Katalog. Aber es wird irgendwie deins sein, weil du beim Schrauben abgerutscht bist und auf der Rückwand diese lange Kerbe geschlagen hast, und die wird man vielleicht nie sehen, aber du weißt, dass die da ist, und deswegen ist das DEIN Schrank und Bauanleitung hin oder her, letztendlich blieb da immer irgendetwas unklar und du musstest improvisieren mit Klebeband und einer Axt.

Und dann bin ich plötzlich da. Zu Hause. Und ich steige aus und ihr fragt euch, und ich frage mich in diesem Moment, warum ich so viel darüber nachdenke, was das Leben nun eigentlich ist. Vielleicht dachte ich anfangs noch, mein Leben wäre nicht in Ordnung und ich müsste das erst einmal definieren, um irgendwo zu sein, aber das war es nicht.
Und ich wollte niemals schlauer scheinen als ihr, denn jeder hat nicht nur seine eigene Bauanleitung, jeder hat sein verdammtes eigenes Material in allen Formen und Farben.
Und meins ist das hier, die ganze Scheiße, die Liebe, der Frust, das Abstruse, das Phantastische, die Erkenntnis,

dass das Leben zwar furchtbar, dabei aber so unfassbar lustig sein kann, und ich wollte euch nur davon erzählen.
Und eigentlich tut man so etwas in Liedern, denn da ist das nicht kitschig und die Leute werden unterhalten und nehmen vielleicht etwas davon mit nach Haus und summen irgendwann später diese eine Melodie, die sie durch den Tag bringt, und das ist ein so wundervoller Gedanke.
Aber ich bin ein furchtbarer Musiker. Daher schreibe ich.
Rock ’n’ Roll mit Buchstaben.
Ich hoffe, ihr wisst, was ich meine.

Im Blaulicht Verlag erschienen:

Dominik Bartels
Black Taxi
Roman, 2. überarbeitete Auflage

ISBN 978–3–941552–07–4, Preis: 9,90 €

Belfast! Martin kann es nicht fassen. Ausgerechnet hier soll er studieren? Nordirland kennt er nur aus den Nachrichten. Bombenanschläge, Straßenschlachten, die IRA und schwer bewaffnete britische Soldaten in gepanzerten Fahrzeugen, das alles verbindet er mit Belfast. Aber neben Gewalt, Hoffnungslosigkeit und blindem Hass findet Martin dort auch freundliche Menschen, die trotz der widrigen Umstände an einen friedlichen Neuanfang glauben.

Und er findet seine große Liebe. Aber die Troubles sind noch nicht vorbei und auch Martin gerät in den immer undurchsichtigeren Konflikt zwischen Loyalisten und Nationalisten. Die moralischen Werte des jungen deutschen Studenten werden auf eine harte Probe gestellt und die ehemals so klaren Grenzen zwischen Gut und Böse verschwimmen zunehmend. Ein Projekt im Belfaster Hafen könnte die ersehnte Wende einläuten, doch der Bürgerkrieg wirft nach wie vor lange Schatten. Kann es trotzdem gelingen?

Im Blaulicht Verlag erschienen:

Thomas Langkau
Satzsucher
Stories und Gedichte

ISBN 978–3–941552–08–1, Preis: 9,90 €

Vielleicht ist es Ihnen schon aufgefallen – skurrile Dinge passieren. Thomas P. Langkau erklärt Sie Ihnen! Auf witzige bis ironische Weise erläutert er unter anderem sowohl das Phänomen Mann als auch die Gattung Phlegmatiker, der Castor wird (fast) gestoppt und Lothar Matthäus gehuldigt.

Und wie geht es eigentlich Ihren Nachbarn? Der Satzsucher kennt sie alle und erzählt davon: Wie feiert man Weihnachten auf der Reeperbahn? Warum schreit Torben und wie lebt man ohne Pass in Deutschland?

Thomas P. Langkau sucht aber nicht nur nach Sätzen, sondern auch nach Antworten – und stößt dabei immer wieder erfolgreich auf neue Fragen. Zum Beispiel nach Liebe und Leere, Sehnsucht und Sinn. Wer bin ich, wo gehe ich hin? Spannend.

Ein Buch für den Widerspruch – und gegen die Angst.

Im Blaulicht Verlag erschienen:

Etwas ist faul im Staate
Anthologie
Poetry Slam- und Lesebühnentexte zur Lage der Nation

ISBN 978–3–941552–11–1, Preis: 9,90 €

„Literatur muss nicht wehtun, aber sie kann es", meint Patrick Salmen.

Namhafte Vertreter der deutschen Poetry Slam- und Lesebühnenszene wie Sebastian 23, Pierre Jarawan, Andreas Weber, Xochil A. Schütz, Johanna Wack, Felix Römer, Björn Högsdal, Henning Chadde u.a. beleuchten die Lage der Nation auf satirische, poetische oder kritische Weise.

Ein Genuss für alle, die noch einen Rest Revolution in sich tragen!